Teste Dein Musik

freizeit
ht

Haben Sie Lust, Ihr Wissen über Musik auf unterhaltsame Weise zu prüfen? Nehmen Sie eine kleine Kostprobe!
»Instrumentenkunde« heißt eines der Fachgebiete unseres Testbuchs über Musikwissen. Können Sie die vier Instrumente benennen, die hier unten im Kreis abgebildet sind?
Haben Sie's gewußt (oder richtig geraten!)? Schlagen Sie nach auf Seite 4. Ausführliches über Musikinstrumente siehe Seite 18 ff.

Teste Dein Musikwissen

Von Alfred Vogelbacher

Humboldt-Taschenbuchverlag

humboldt taschenbuch 533

Umschlaggestaltung: Christa Manner, München
Zeichnungen im Innenteil und teilweise auf dem Umschlag stammen vom Autor.

Hinweise für den Leser:
Alle Angaben – ohne Gewähr – entsprechen dem Stand von 1986.

Auflösung der Fragen auf dem Umschlag:

»Carmen«	=	Oper von Georges Bizet;
»Parsifal«	=	Oper von Richard Wagner;
Portativ	=	kleine Orgel, tragbar, mit einer Klaviatur von 1–2 Oktaven Umfang (gebräuchlich im 13. und 14. Jahrhundert);
Spinett	=	Kiel-Klavier, d. h. die Drahtsaiten werden mit einem Federkiel angerissen (16.–18. Jahrhundert);
Makulatur	=	Altpapier; unbrauchbar gewordene Notenblätter; vom Komponisten verworfene Entwürfe.

Auflösung der Testfrage von Seite 2:
links oben: Trompete; rechts oben: Violine (Geige); links unten: Grammophon; rechts unten: Schalmei.

Druck: Presse-Druck Augsburg
Printed in Germany
ISBN 3-581-66533-6

1 2 3 * 88 87 86

Inhalt

Vorwort

Musik ist nicht nur ein Hobby, sie kann auch zu einer haupt- oder nebenberuflichen Karriere führen. Vielleicht kommt es Ihnen etwas überspannt vor, daß man die Musik als eine Kunst bezeichnet, mit der nicht jeder verständnisvoll umgeht. Sie verdient es, richtig gehört und gehandhabt zu werden.
Der vorliegende Testband will Ihnen helfen, Ihren Sinn für Musikalisches zu erkennen und zu beurteilen. Sollten Sie bereits über einige Kenntnisse verfügen, so wird Ihnen der Test Ihre Stärken und Schwächen aufzeigen.
Nehmen Sie nun einen Kugelschreiber oder Bleistift und einen Zettel zur Hand und kreuzen Sie einfach die Ihrer Meinung nach richtige Lösung an. Bei einigen Fragen müssen Sie sich die Kennziffern der richtigen Lösung notieren. Machen Sie sich unsere Quizaufgaben zu einem amüsanten Denksport!
Falls Sie die eine oder andere »Lieblings«-Frage, den einen oder anderen Namen vermissen, bedenken Sie bitte, daß wir eine zufällige Auswahl treffen mußten und uns nicht die Erstellung eines kompletten »Musiklexikons« zum Ziel setzen konnten.
Obwohl Sie als Musikfreund sicher nicht nur in einer einzigen musikalischen Sphäre zu Hause sind, haben wir Hauptgruppen gebildet, damit Sie schnell zu Ihren persönlichen Schwerpunkten vorstoßen oder auch einmal bewußt so etwas wie Neuland betreten können. Die pro Hauptgruppe zu erreichende Höchstpunktzahl haben wir angegeben, um Ihnen die Beurteilung Ihres Vorwissens leichter zu machen. Begeisterte Quiz-Knobler werden es sich nicht nehmen lassen, in allen Runden anzutreten. Sie finden dann am Ende des Bandes die Test-Gesamtauswertung.
Natürlich wird es sich oft nicht vermeiden lassen, im *Lösungsteil* auf den Seiten 119 bis 124 nachzuschlagen. Der Zugriff auf die richtige Antwort ist sehr einfach. Sie brauchen nur nach der aufgelisteten Seitenzahl Ihrer Frage zu suchen.
Wir wünschen Ihnen viel Freude im Umgang mit musikalischen Fragestellungen und sind sicher, daß Sie spätestens nach Bearbeitung unseres Stoffes in der Musikwelt einige Wörtchen mitzureden haben.

Autor und Verlag

Aufgabenteil

Die technische Faszination der Musik

(Höchstpunktzahl: 49)

Der Ton macht die Musik
– oder: Wie werden die musikalischen Töne erzeugt?

1. Welche menschlichen Organe regulieren die Lautstärke des erzeugten Tones?

☐ A Zwerchfell und Lunge
☐ B Stimmbänder und Kehlkopf
☐ C Stirnhöhle und Zunge

2. Was bewirkt die verstärkte Spannung der Stimmbänder?

☐ A die normale Stimmlage wird deutlich vertieft
☐ B die normale Stimmlage bleibt konstant
☐ C die normale Stimmlage wird deutlich erhöht

3. Wie wird die Klangqualität beeinflußt?

☐ A durch die Bewegung des Gaumens und der Zähne
☐ B durch die Bewegung der Wangen und der Zunge
☐ C durch die Bewegung der Lippen und des Halses

4. Der Ton der Geige wird wie erzeugt?

☐ A hauptsächlich durch den Stimmstock
☐ B hauptsächlich durch den Saitenhalter
☐ C hauptsächlich durch den Bogen

5. Das Rohrblatt eines Holzblasinstruments wird in Schwingungen versetzt. Was geschieht dann im Innern des Instruments?

☐ A die Luftsäule bleibt unverändert
☐ B die Luftsäule beginnt zu schwingen
☐ C die Luftsäule verlängert und verkürzt sich

6. Wieso haben die Flöten eine geringere Lautstärke gegenüber den Rohr- und Blechblasinstrumenten?

☐ A weil die Flöten keine Ventile haben
☐ B weil die Flöten feiner gearbeitet sind
☐ C weil ein Teil der Luft nach außen entweicht

Erkennen Sie die Musik als Schwingung?

1. Wie heißt das Gerät, mit dem man Schwingungen messen kann?

☐ A Metronom
☐ B Detektor
☐ C Oszilloskop

2. Das Ausmaß der Schwingungen eines Tones nennt man …?

☐ A Amplitude
☐ B Fermate
☐ C Kadenz

3. In welchem Schwingungsbereich nimmt das menschliche Ohr Töne wahr?

☐ A 0–20 Schwingungen
☐ B 20–20 000 Schwingungen
☐ C 20 000–40 000 Schwingungen

4. Die Oktave ist ein … ?

☐ A hoher Ton
☐ B variabler Ton
☐ C tiefer Ton

5. Ist der Ton einer Stimmgabel rein?

☐ A nein
☐ B keine Antwort
☐ C ja

6. Einen musikalischen Ton, der verschiedene gleichzeitig erklingende Töne in sich trägt, nennt man . . . ?

- ☐ A Schall
- ☐ B Klang
- ☐ C Prim

7. Die hohe Stimme einer Frau wird, im Gegensatz zu der eines Mannes, erzeugt durch . . . ?

- ☐ A eine doppelte Schwingungszahl
- ☐ B eine dreifache Schwingungszahl
- ☐ C eine vierfache Schwingungszahl

8. Was für einen Ton erzeugen die herkömmlichen Musikinstrumente?

- ☐ A einen physikalisch reinen
- ☐ B einen synthetisch reinen
- ☐ C keinen physikalisch reinen

9. Was verleiht dem Klang seinen eigentümlichen Charakter?

- ☐ A die Halbtöne
- ☐ B die Obertöne
- ☐ C die Baßtöne

10. In welcher Lautstärke wird der gleiche Ton auf allen Instrumenten erzeugt?

- ☐ A in der doppelten Lautstärke
- ☐ B in der halben Lautstärke
- ☐ C in derselben Lautstärke

11. Die Klarinette hat einen . . . ?

- ☐ A leicht nasalen Klang
- ☐ B klaren Klang
- ☐ C schrillen Klang

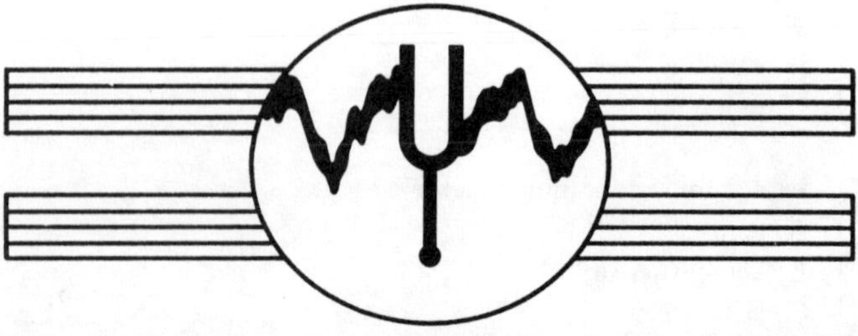

Ein Begriff steht mit Musik nicht in Verbindung. Welcher?

Tonabnehmer
Tonabstand
Tonalität
Tonart
Tonaufzeichnung
Tonband
Tonblende
Tondauer
Tondichtung
Tonelada
Tonfarbe
Tonfolge
Tongeschlecht
Tonhöhe
Tonleiter
Tonqualität
Tonsatz
Tonsatzlehre
Tonstärke
Tonstufe
Tonsystem
Tontechnik
Tonträger
Tonverfahren

☐ A bis 2 Min. ☐ B bis 3 Min. ☐ C über 3 Min.

Wer hat was erfunden oder gebaut?

1. Andrea Amati aus Italien
2. Guido von Arezzo aus Italien
3. Theobald Böhm aus Deutschland
4. Bartolommeo Christofori aus Italien
5. Johann Christoph Denner aus Deutschland
6. Arnold Dolmetsch aus England
7. Sébastien Erard aus Frankreich
8. Jean Hotteterre aus Frankreich
9. Mathias Klotz aus Deutschland
10. Nicolas Lupot aus Frankreich
11. Johann Nepomuk Maelzel aus Deutschland
12. Robert Moog aus Amerika
13. Emanuel Moor aus Ungarn
14. Perotinus aus Frankreich
15. Ignaz Josef Pleyel aus Österreich
16. Joseph Riedl aus Österreich
17. Adolphe Sax aus Belgien
18. Alexander Skrjabin aus Rußland
19. Jakob Stainer aus Österreich
20. François Tourte aus Frankreich

Wer hat was erfunden oder gebaut?

A1. Bogenmacher (veränderte den Geigenbogen durch eine konkave Krümmung)
A2. Geigenbauer
A2. Geigenbauer
A2. Geigenbauer
A3. Geigenbauer (gilt als Schöpfer der Violine)
B1. Holzblasinstrumentenbauer
B2. Holzblasinstrumentenbauer (Erfinder der Klarinette)
B3. Instrumentenbauer
C1. Instrumentenbauer (entwickelte das Klappenwerk der Flöten und Klarinetten)
C2. Instrumentenbauer (Erfinder des Saxophons)
C3. Instrumentenbauer (Erfinder des Metronoms)
D1. Instrumentenbauer (entwickelte den ersten Synthesizer mit Klaviertastatur)
D2. Instrumentenbauer und Musikforscher (führte die fabrikmäßige Herstellung der Blockflöte ein)
D3. Klavierfabrikant und Komponist
E1. Klavierbauer (Erfinder der Repetitionsmechanik)
E2. Klavierbauer (Erfinder des Hammerklaviers)
E3. Komponist und Pianist (Erfinder des zweimanualigen Klaviers)
F1. Komponist und Pianist (Erfinder des Farbenklaviers und einer Lichtorgel)
F2. Komponist (entwickelte eine rhythmisch eindeutige Notation)
F3. Musiktheoretiker (entwickelte ein Handzeichensystem, mit dessen Hilfe auch Laien singen konnten).

Was wissen Sie von der Technik der Musikaufnahme?

1. Welche Tonträger wurden früher bei Musikaufnahmen verwendet?

☐ A Walzen
☐ B Kartonstreifen
☐ C Drehscheiben

2. Warum mußte ein Sänger bei der Aufnahme stundenlang in den Schalltrichter singen?

☐ A mit diesen Tonträgern konnte man nicht immer gute Aufnahmen erzielen
☐ B man mußte immer warten, bis es keine Nebengeräusche mehr gab
☐ C mit diesen Tonträgern konnte man nur wenige Kopien herstellen

3. Kann man die Aufnahmetechnik eines alten Phonographen als ein rein mechanisches Prinzip bezeichnen?

☐ A keine Antwort
☐ B ja
☐ C nein

4. Seit ein paar Jahrzehnten werden die Kopien nach Originalmatrizen hergestellt. Falsch oder richtig?

☐ A falsch
☐ B keine Antwort
☐ C richtig

5. Was löste durch die Einführung des elektrischen Aufnahmeverfahrens den Schalltrichter ab?

☐ A das Mikrophon
☐ B die Bandmaschine
☐ C das Mischpult

6. Einer der wesentlichen Fortschritte in der Schallspeicherung war . . . ?

☐ A die Entwicklung der Langrillenscheibe
☐ B die Einführung der Langspielplatte
☐ C die Verbesserung der Walze

7. Was bedeutet die Bezeichnung »High Fidelity«?

☐ A höchste Klangqualität bei der Aufnahme
☐ B perfekte Aufnahmetechnik in der Schallspeicherung
☐ C höchste Klangtreue in der Wiedergabe

8. Welche Möglichkeit bietet die moderne Aufnahmetechnik?

☐ A Musikaufnahmen kann man in Einzelteile zerlegen
☐ B Musikaufnahmen kann man nicht verfälschen
☐ C Musikaufnahmen kann man nur von Anfang an löschen

9. Wieviel Schnitte müssen für eine Opern-Aufnahme gemacht werden?

☐ A ungefähr 400
☐ B ungefähr 500
☐ C ungefähr 600

Instrumentenkunde für Musikfreunde

(Höchstpunktzahl: 126)

Wer kennt die Instrumente der Renaissance?

1. Wie wurde die Baßgitarre der Renaissance genannt?
☐ A die Viola
☐ B die Chittarone
☐ C die Laute

2. Ihr Hauptmerkmal ist . . . ?
☐ A die Dicke der Saiten
☐ B der geformte Schallkörper
☐ C der sehr lange Hals

3. Welches Instrument ist die Vorläuferin der Violine?
☐ A die Cister
☐ B die Viola
☐ C die Mandoline

4. Was gilt für die Spannung ihrer Saiten?
☐ A wenig Spannung
☐ B mittelstarke Spannung
☐ C starke Spannung

5. Welcher Herkunft ist die Laute?
☐ A griechischer
☐ B italienischer
☐ C arabischer

6. Insgesamt hatten die Saiteninstrumente . . . ?

☐ A etwas dünne Saiten
☐ B dicke Saiten
☐ C sehr dünne Saiten

7. Wie ist der Klang des Krummhorns?

☐ A dem Dudelsack ähnlich
☐ B dem Rankett ähnlich
☐ C der Schalmei ähnlich

8. Welches Instrument klingt ähnlich wie eine gedämpfte Trompete?

☐ A der Serpent
☐ B das Kortholt
☐ C der Zink

9. Bei diesem Blasinstrument bläst die Luft gegen das Holzstück mit der scharfen Kante. Wie heißt es?

☐ A das Krummhorn
☐ B die Blockflöte
☐ C der Serpent

10. Wie heißt ein uraltes Instrument, das heute noch im Iran gespielt wird?

☐ A Schalmei
☐ B Flöte
☐ C Bomhart

11. Der Vorläufer des Fagotts war . . . ?

☐ A die Flöte
☐ B der Zink
☐ C das Kortholt

12. Welches Holzblasinstrument wurde aus dem Zink entwickelt?

☐ A der Dudelsack
☐ B der Serpent
☐ C die Blockflöte

Wer weiß über die Saiteninstrumente Bescheid?

1. Welches Instrument gilt als das Herzstück eines Sinfonieorchesters?
- ☐ A das Horn
- ☐ B die Pauke
- ☐ C die Geige

2. Wie wird die Drehleier abgegriffen?
- ☐ A mit Griffplättchen
- ☐ B durch Tasten
- ☐ C mit Holzstechern

3. Was war einst das Lieblingsinstrument der Virtuosen und Adligen?
- ☐ A die Laute
- ☐ B die Harfe
- ☐ C die Mandoline

4. Welches Saiteninstrument hat eine Pergamentdecke?
- ☐ A die Cister
- ☐ B die Laute
- ☐ C das Banjo

5. In welchem Land erlebte die Viola im 17. Jahrhundert ihren Höhepunkt?

☐ A in England
☐ B in Frankreich
☐ C in Österreich

6. Welche Erfindung verwandelte die Harfe in ein modernes Orchesterinstrument?

☐ A die dickere Saitenbespannung
☐ B eine Mechanik, die den Tonartwechsel durch Pedale regelt
☐ C das Austauschen von Holz- und Metallteilen

7. Wie hieß die Vorläuferin der Gitarre?

☐ A Viola
☐ B Kithara
☐ C Vihuela

8. Welche Neuheit gab es im 18. Jahrhundert bei der Gitarre?

☐ A Vergrößerung des Schalloches
☐ B Einzelsaiten und Zahnradmechanik
☐ C Verkürzung der Saiten

9. Was war das längste und schmalste Saiteninstrument?

☐ A das Trumscheit
☐ B die Violetta
☐ C die Taschengeige

Wie gut kennen Sie die Violine?

1. Mit welchem Hilfsmittel wurde in früheren Zeiten die Violine gestrichen?

☐ A mit Pferdehaarbogen
☐ B mit Frauenhaarbogen
☐ C mit Hanffadenbogen

2. Wann tauchten die ersten »eigentlichen« Violinen auf?

☐ A in der ersten Hälfte des 15. Jahrhunderts
☐ B in der zweiten Hälfte des 15. Jahrhunderts
☐ C in der ersten Hälfte des 16. Jahrhunderts

3. Ihre Vollendung erreichte die Violine wann?

☐ A gegen Mitte des 17. Jahrhunderts
☐ B zu Beginn des 18. Jahrhunderts
☐ C gegen Ende des 18. Jahrhunderts

4. Welcher Bauteil ist aus Fichte?

☐ A die Decke
☐ B das Griffbrett
☐ C die Schnecke

5. Aus welchem Holz ist der Boden?

☐ A aus Rosenholz
☐ B aus Ahorn
☐ C aus Eiche

6. Welche Aufgabe hat der Stimmstock?

☐ A er dient zur Erleichterung beim Einstimmen
☐ B er trägt die Decke
☐ C er überträgt die Schwingungen auf den Boden

7. Das Material der Saiten ist . . . ?

- ☐ A Darm
- ☐ B Draht
- ☐ C Sehnefaser

8. Welche italienische Stadt galt als Zentrum der Geigenbaukunst?

- ☐ A Genua
- ☐ B Florenz
- ☐ C Cremona

9. Mit welchem Geigenbauer begann der Ruhm dieser Stadt?

- ☐ A mit Nicolas Lupot
- ☐ B mit Andrea Amati
- ☐ C mit Jakob Stainer

10. Den Geigen aus dieser Stadt gab man welche Lebensdauer?

- ☐ A ungefähr 100 Jahre
- ☐ B ungefähr 200 Jahre
- ☐ C ungefähr 300 Jahre

11. In welcher Stadt werden auch in Deutschland Geigen gebaut?

- ☐ A in Mittenwald
- ☐ B in Garmisch-Partenkirchen
- ☐ C in Memmingen

12. Wie alt war Jakob Stainer, als er begann, Violinen in seiner Werkstatt zu bauen?

- ☐ A vierzehn Jahre
- ☐ B siebzehn Jahre
- ☐ C zwanzig Jahre

Was wissen Sie über Tasteninstrumente?

1. Wie wurden die Pfeifen früherer Orgeln zum Klingen gebracht?

☐ A mit Hebeln
☐ B mit Schiebern
☐ C mit Kurbeln

2. Welches ist das älteste Musikinstrument mit Klaviatur?

☐ A das Psalterium
☐ B das Harmonium
☐ C das Klaviziterium

3. Wann hatte das Cembalo seine uns vertraute Form erhalten?

☐ A um 1400
☐ B um 1500
☐ C um 1600

4. Warum war das gebundene Klavichord so beliebt?

☐ A weil es klein und einfach zu bauen war
☐ B weil jeder Laie mit ihm spielen konnte
☐ C weil es mit wenigen Tasten ausgerüstet war

5. Was galt in England als Hausinstrument?

☐ A das Spinett
☐ B das Virginal
☐ C das Cembalo

6. In welcher Gehäuse-Form steckte das Hammerklavier?

☐ A Flügel
☐ B Klavichord
☐ C Cembalo

7. Was war von etwa 1720 bis 1780 das gebräuchlichste Hausinstrument?
- ☐ A das Spinett
- ☐ B das Hammerklavier
- ☐ C das Portativ

8. Welches Instrument löste Spinett und Klavichord ab?
- ☐ A das Tischklavier
- ☐ B das Tafelklavier
- ☐ C das Reiseklavier

9. Aus welchem Grunde wurde die aufrechte Form des Klaviers entwickelt?
- ☐ A wegen der Akustik
- ☐ B auf Wunsch der Musiker
- ☐ C aus Raumersparnisgründen

10. Wann wurden beim Klavier die schwarzen Tasten eingeführt?
- ☐ A im 12. Jahrhundert
- ☐ B im 13. Jahrhundert
- ☐ C im 14. Jahrhundert

11. In welcher Zeit kam der Flügel auf?
- ☐ A im frühen 17. Jahrhundert
- ☐ B im frühen 18. Jahrhundert
- ☐ C im frühen 19. Jahrhundert

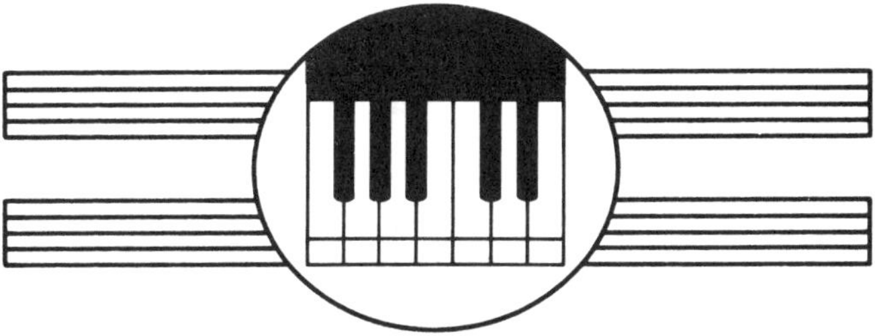

Wer kennt das alte Musikinstrument, die Rarität, die sich hinter diesen schwarzen Buchstaben versteckt?

- ☐ A bis 2 Min.
- ☐ B bis 4 Min.
- ☐ C über 4 Min.

Einzelteile einer Klarinette
Welches Teil gehört hier nicht dazu?

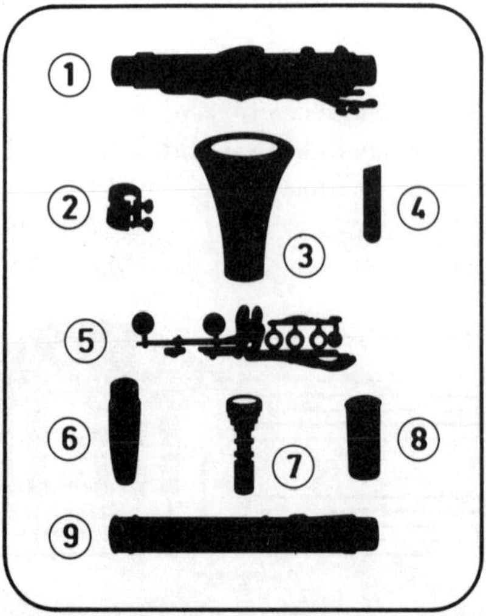

- ☐ A bis 10 Sek.
- ☐ B bis 20 Sek.
- ☐ C über 20 Sek.

Wie gut kennen Sie das Cembalo?

1. Wie werden die Saiten beim frühen Cembalo zum Schwingen gebracht?

☐ A durch Anreißen
☐ B durch Andrücken
☐ C durch Streichen

2. Nimmt die Lautstärke des Instruments zu, wenn man die Tasten stärker anschlägt?

☐ A ja
☐ B weiß nicht
☐ C nein

3. In welchem Zeitalter war das Cembalo das bekannteste Musikinstrument?

☐ A Renaissance
☐ B Barock
☐ C Klassik

4. Wie hieß der berühmte flämische Cembalobauer?

☐ A Jakob Stainer
☐ B Jean Hotteterre
☐ C Hans Ruckers

5. Wieso ist der Klang des Instruments von kurzer Tragfähigkeit?

☐ A weil es kein Fortepedal hat
☐ B weil es keine Verzögerungstaste hat
☐ C weil es kein Verschiebungspedal hat

6. Wie hieß die Mechanik, die Cristofori in ein Cembalogehäuse baute?

☐ A Federmechanik
☐ B Hammermechanik
☐ C Stechermechanik

Wieviel wissen Sie über die Orgel?

1. Wer legte den Grundstein zum größten Musikinstrument der Welt?
- ☐ A der Erfinder des Blasebalgs
- ☐ B ein Tischler mit musikalischen Ambitionen
- ☐ C ein Hirte in grauer Vorzeit mit seiner Panflöte

2. Wie nennt man die alte Technik der Orgel mit ihren Stangen, Wellen und Hebeln?
- ☐ A Windlademechanik
- ☐ B Schleifladenmechanik
- ☐ C Drehwellenmechanik

3. Wie kommt die Luft in die Pfeifen der Orgel?
- ☐ A durch die Kanzellen
- ☐ B durch die Wippen
- ☐ C durch die Abstrakten

4. Auf welchen Pfeifen basieren die Chöre?
- ☐ A Holzpfeifen
- ☐ B Trompetenpfeifen
- ☐ C Prinzipalpfeifen

5. Welche Klaviatur bringt die Baßstimmen zum Klingen?
- ☐ A die Tasten
- ☐ B die Pedale
- ☐ C die Knöpfe

6. Mit welcher Mechanik werden bestimmte Pfeifenreihen ein- oder ausgeschaltet?
- ☐ A mit den Registerknöpfen
- ☐ B mit den Schiebern
- ☐ C mit den Pedalen

7. Wie wird die Tastenreihe der Klaviatur genannt?
- ☐ A Chorale
- ☐ B Pantine
- ☐ C Manuale

8. In welcher Vorrichtung stehen die Pfeifen, um spezielle Toneffekte zu erzielen?
- ☐ A Schubkästen
- ☐ B Schwellkästen
- ☐ C Wippkästen

9. Wie heißen die Musikeffekte, die man mit der Orgel erzielen kann?
- ☐ A Crescendo- und Decrescendo-Effekte
- ☐ B Aerophone-Effekte
- ☐ C Glissando-Effekte

10. Aus welchem Material werden die Pfeifen hergestellt?
- ☐ A aus Messing und Holz
- ☐ B aus Zinn und Holz
- ☐ C aus Nickel und Holz

11. Wann wurde die Orgel in die abendländische Kirche eingeführt?
- ☐ A im 6. Jahrhundert
- ☐ B im 7. Jahrhundert
- ☐ C im 8. Jahrhundert

12. In welchem Land wurde das Pedal sehr spät eingeführt?
- ☐ A in Griechenland
- ☐ B in England
- ☐ C in Frankreich

13. Welche Position nimmt die Orgel in der Musik ein?
- ☐ A Königin der Instrumente
- ☐ B Rose der Instrumente
- ☐ C Perle der Instrumente

Kennen Sie diese vier Musikinstrumente in der Teilansicht?

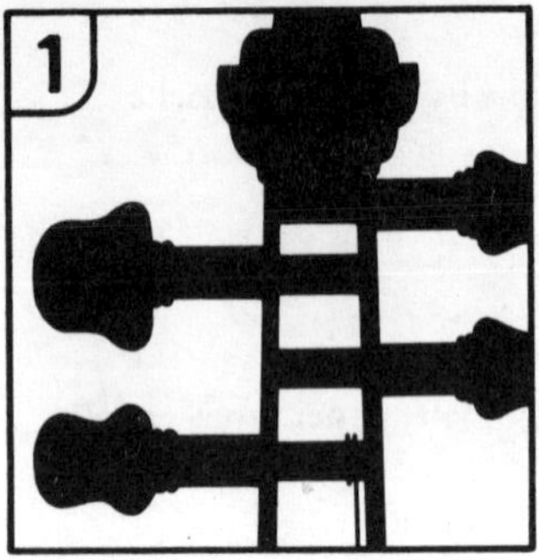

- ☐ Ventile einer Trompete
- ☐ Pedale einer Harfe
- ☐ Schnecke einer Geige

- ☐ Becken
- ☐ Tamburin
- ☐ Trommel

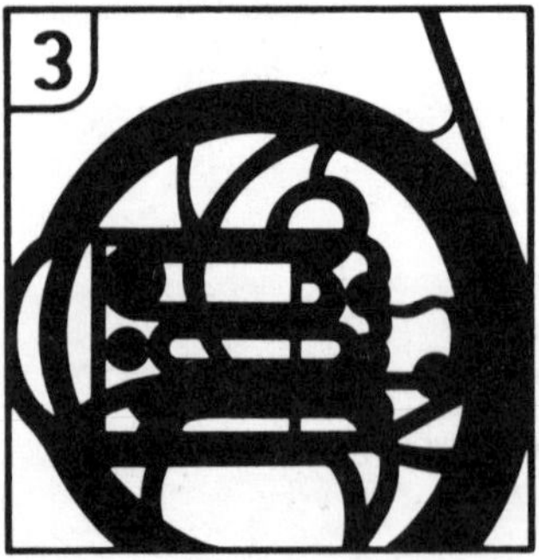

- ☐ Mittelteil der Pedalpauke
- ☐ Teil eines Waldhorns
- ☐ Einzelteil einer Klarinette

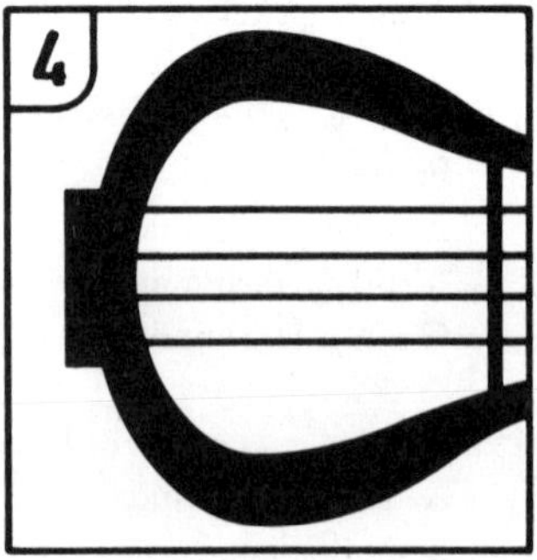

- ☐ Kithara
- ☐ Stimmgabel
- ☐ Gitarre

- ☐ A 1 richtige Antwort
- ☐ B 2–3 richtige Antworten
- ☐ C 4 richtige Antworten

Zeitwertung: bis 2 Min.

Wissen Sie über die Holzblasinstrumente Bescheid?

1. Welches Instrument wurde aus Kuh- oder Ziegenhorn hergestellt?

☐ A die Panflöte
☐ B das Fingerlochhorn
☐ C die Pfeife

2. Wie wurde die frühe Flöte gebaut?

☐ A aus mehreren Holzeinzelteilen
☐ B aus Zuckerrohr
☐ C aus einem einzigen Holzstück

3. Aus welchem Land kommt der Serpent?

☐ A aus Frankreich
☐ B aus Griechenland
☐ C aus Arabien

4. Wie sieht das Rankett aus?

☐ A wie ein Rohr
☐ B wie ein Zylinder
☐ C wie ein Kegel

5. Als was wurde das Kortholt im 16. und 17. Jahrhundert benutzt?

☐ A als Sopraninstrument
☐ B als Altinstrument
☐ C als Baßinstrument

6. Aus welchem Instrument ging die Oboe hervor?

☐ A aus der Schalmei
☐ B aus der Querflöte
☐ C aus der Klarinette

7. Wann begann das Zeitalter der modernen Holzblasinstrumente?

- ☐ A im 16. Jahrhundert
- ☐ B im 17. Jahrhundert
- ☐ C im 18. Jahrhundert

8. Welches war die große Zeit der mechanischen Verbesserungen?

- ☐ A zwischen 1830 und 1840
- ☐ B zwischen 1850 und 1860
- ☐ C zwischen 1870 und 1880

9. Aus welchem Material werden Klarinette und Oboe hergestellt?

- ☐ A aus Eiche und Ahorn
- ☐ B aus Eternit und Kohle
- ☐ C aus afrikanischem Schwarzholz oder Ebonit

10. Welche System-Klarinette wird noch heute gebaut?

- ☐ A die Lambert-System-Klarinette
- ☐ B die Albert-System-Klarinette
- ☐ C die Engelbert-System-Klarinette

11. Bei welchem Instrument wird der Ton durch eine Metallzunge erzeugt?

- ☐ A bei der Mundharmonika
- ☐ B beim Dudelsack
- ☐ C beim Rankett

12. Welches Instrument wurde in unserem Jahrhundert als Massenprodukt für den Schulunterricht eingeführt?

- ☐ A die Gitarre
- ☐ B das Akkordeon
- ☐ C die Blockflöte

Zwillinge
Welche zwei Trompeten sind gleich?

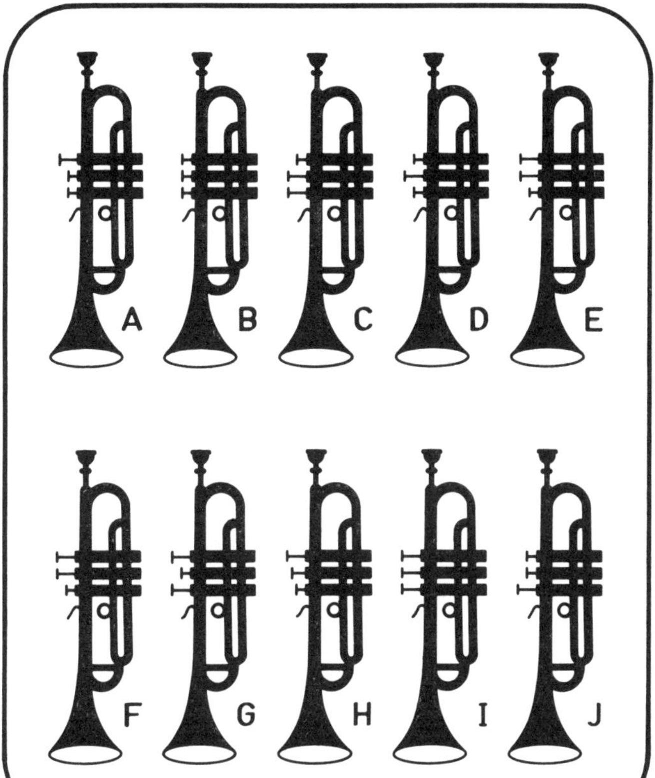

☐ A bis 1 Min.
☐ B bis 2 Min.
☐ C über 2 Min.

Wer kennt sich bei den Blechblasinstrumenten gut aus?

1. Aus welchem Material waren die ersten Blasinstrumente?
- ☐ A aus Holz
- ☐ B aus Zuckerrohr
- ☐ C aus Tierhorn

2. Welche Kulturen hatten diese Naturinstrumente in Metall nachgebaut?
- ☐ A ägyptische
- ☐ B griechische
- ☐ C römische

3. Wie waren die ersten Trompeten beschaffen?
- ☐ A kurz und klein
- ☐ B lang und unhandlich
- ☐ C dick und schwer

4. Ab wann wurde das Rohr schlaufenartig gebogen?
- ☐ A um 1300
- ☐ B um 1400
- ☐ C um 1500

5. Wann wurden die Instrumente mit Ventilen versehen?
- ☐ A im frühen 19. Jahrhundert
- ☐ B Mitte des 19. Jahrhunderts
- ☐ C im späten 19. Jahrhundert

6. Welches war das erste Blechblasinstrument mit Ventilen?
- ☐ A das Flügelhorn
- ☐ B das Waldhorn
- ☐ C die Tuba

7. Was für eine Funktion hat das Ventil?
- ☐ A es reguliert die Lautstärke
- ☐ B es dient nur zur Reinigung während des Spielens
- ☐ C es verlängert die Rohrlänge des Instruments

8. Welches Einzelteil gehört zur Trompete?
- ☐ A der Stimmbogen
- ☐ B der Stößer
- ☐ C der Baßbalken

9. Wie lautet die genaue Bezeichnung für das Flügelhorn?
- ☐ A Rundhorn
- ☐ B Klappenhorn
- ☐ C Kleinhorn

10. Welches Instrument wird fast nur noch in Militärkapellen gespielt?
- ☐ A die Posaune
- ☐ B die Trompete
- ☐ C das Kornett

11. Was für eine Bezeichnung hat die Ophikleide?
- ☐ A Baßhorn mit Klappenwerk
- ☐ B Tenorhorn mit Klappenwerk
- ☐ C Sopranhorn mit Klappenwerk

12. Wieviel Ventile hat die Trompete?
- ☐ A zwei Ventile
- ☐ B drei Ventile
- ☐ C vier Ventile

Sind Sie über Schlaginstrumente informiert?

1. Hat die Trommel eine bestimmbare Tonhöhe?
- ☐ A nein
- ☐ B keine Antwort
- ☐ C ja

2. Was sind Nacaires?
- ☐ A kleine Becken
- ☐ B kleine Pauken
- ☐ C kleine Triangeln

3. Die Zusatzteile der frühen Triangel waren ...?
- ☐ A Bim-Schrauben
- ☐ B Ton-Plättchen
- ☐ C Klirr-Ringe

4. Seit wann ist die Maultrommel in Europa bekannt?
- ☐ A seit dem 4. Jahrhundert
- ☐ B seit dem 6. Jahrhundert
- ☐ C seit dem 8. Jahrhundert

5. Wann kamen die frühen Glockenspiele auf?
- ☐ A im 10. Jahrhundert
- ☐ B im 11. Jahrhundert
- ☐ C im 12. Jahrhundert

6. Welche Schlaginstrumente gehören zur lateinamerikanischen Musik?
- ☐ A die Pesetas
- ☐ B die Bongos
- ☐ C die Santos

7. Dieses Instrument hat schwingende Metallstäbe. Wie heißt es?
- ☐ A Vibraphon
- ☐ B Baryton
- ☐ C Sousaphon

8. Mit welcher Vorrichtung wird die Orchesterpauke gestimmt?
- ☐ A mit Stimmscheiben
- ☐ B mit Stimmringen
- ☐ C mit Stimmschrauben

9. Wie nennt man das Instrument mit kleinen Metallplatten, das mit Hämmern angeschlagen wird?
- ☐ A Hammerspiel
- ☐ B Glockenspiel
- ☐ C Metallplattenspiel

10. In Carl Maria von Webers Schauspielmusik »Preciosa« wurde dieses Instrument im Orchester verwendet. Was war es?
- ☐ A das Tamburin
- ☐ B die Kastagnetten
- ☐ C die Triangel

Wie gut kennen Sie die Automatenmusik?

1. Die Musikautomaten wurden auch mit Dampf angetrieben. Stimmt das?
- ☐ A ja
- ☐ B nein
- ☐ C keine Antwort

2. Konnte man mit Hilfe von perforierten Papierrollen und Kartonfaltblättern die Musikwerke zum Abspielen bringen?
- ☐ A keine Antwort
- ☐ B ja
- ☐ C nein

3. Stimmt es, daß die zu spielenden Töne durch Löcher und Schlitze vorgegeben waren?
- ☐ A ja
- ☐ B nein
- ☐ C keine Antwort

4. Welche Tonträger wurden darüber hinaus verwendet?
- ☐ A Drehstangen
- ☐ B Drehkugeln
- ☐ C Drehscheiben

5. Was erlaubt die größere Spieldauer der Musikwerke?
- ☐ A Drehstangen
- ☐ B Papier- und Kartonstreifen
- ☐ C Drehscheiben

6. Bei welcher Berufsgruppe fand der Orgelautomat großen Anklang?
- ☐ A bei den Musikern
- ☐ B bei den Klavierbauern
- ☐ C bei den Schaustellern

7. Welche Musikstücke wurden da am meisten gespielt?
- ☐ A Märsche und Walzer
- ☐ B klassische Klavierstücke
- ☐ C Operettenmelodien

8. Wo fand man, außer in Cafés und Restaurants, noch mechanische Musik?
- ☐ A in Schulen
- ☐ B in Kirchen
- ☐ C in Bibliotheken

9. Wie heißen die Musikautomaten, die heute noch bei öffentlichen Gebäuden vorkommen?
- ☐ A Drehorgel
- ☐ B Orchestrion
- ☐ C Glockenspiel

10. Die Automaten der Straßensänger nennt man ... ?
- ☐ A Drehleier
- ☐ B Leierkasten
- ☐ C Drehkasten

11. Wer baute zuerst den Walzenautomaten?
- ☐ A Schweizer Uhrmacher
- ☐ B französische Instrumentenbauer
- ☐ C deutsche Erfinder

Wer weiß über den Synthesizer Bescheid?

1. Ist der Synthesizer ein unkomplizierter Apparat?
- ☐ A kann man nicht sagen
- ☐ B keine Antwort
- ☐ C kann man sagen

2. Erzeugt er seine synthetischen Klänge nach genauer Programmierung?
- ☐ A keine Antwort
- ☐ B nein
- ☐ C ja

3. Von welchem Teil des Apparates wird der Klang erzeugt?
- ☐ A von einem Kollektor
- ☐ B von einem Oszillator
- ☐ C von einem Kondensator

4. Mit welchen Armaturen ist der Synthesizer ausgerüstet?
- ☐ A mit Schiebern und Drehknöpfen
- ☐ B mit Klappen und Ventilen
- ☐ C mit Hebeln und Kurbeln

5. Die Klaviatur kann nicht Tonhöhe und Tondauer bestimmen?
- ☐ A keine Antwort
- ☐ B sie kann nicht
- ☐ C doch, sie kann

6. Wie heißt der Regler, der die Tonhöhe in Schwankungen versetzen kann?
- ☐ A Elektrometer
- ☐ B Potentiometer
- ☐ C Anemometer

Musiktheoretische Kostproben

(Höchstpunktzahl: 41)

Was wissen Sie über die musikalische Notation?

1. Wie wurde die erste bekannte Musiknotation dargestellt?
☐ A mit Buchstaben
☐ B mit Pfeilen
☐ C mit Zahlen

2. Bei der handgeschriebenen Notation konnte man noch andere Zeichen verwenden? Welche?
☐ A feine und fette Linien
☐ B kleine und große Ringe
☐ C bestimmte Farben

3. Wie sahen die ersten eigentlichen Noten aus?
☐ A rund
☐ B eckig
☐ C oval

4. Mit welchem Schreibmittel wurde diese Handschrift ausgeführt?
☐ A mit gespitztem Holzstäbchen
☐ B mit getrocknetem Schilfrohr
☐ C mit breitem Federkiel

5. Wie hieß der Musiktheoretiker, der um das Jahr 1000 mit Linien ein neues Notationssystem entwickelte?
☐ A Gerald de Barri
☐ B Guido von Arezzo
☐ C Philippe de Vitry

6. Auf wie vielen Linien werden gregorianische Choräle noch heute notiert?
☐ A auf vier Linien
☐ B auf fünf Linien
☐ C auf sechs Linien

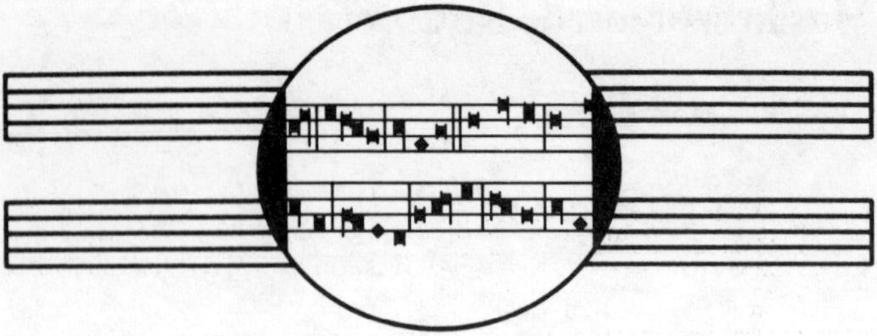

7. Wie nennt man die Griffschrift für den Lautenspieler?
- ☐ A Makulatur
- ☐ B Tabulatur
- ☐ C Traktur

8. In welchem Jahrhundert kam der Taktstrich in Gebrauch?
- ☐ A im 14. Jahrhundert
- ☐ B im 15. Jahrhundert
- ☐ C im 16. Jahrhundert

9. Das Musikmanuskript von damals wies auch eine besondere Linie auf. Wie hieß diese?
- ☐ A die Taktlinie
- ☐ B die Baßlinie
- ☐ C die Tempolinie

10. Welche Technik muß man beherrschen, wenn man Barockmusik spielen will?
- ☐ A Generalbaßtechnik
- ☐ B Generalstimmtechnik
- ☐ C Generaltontechnik

11. Die musikalische Notation ermöglichte eine neue Entwicklung. Welche?
- ☐ A die Hochstimmigkeit
- ☐ B die Langstimmigkeit
- ☐ C die Mehrstimmigkeit

Zwei Notenreihen sind gleich. Welche sind das?

- ☐ A bis 30 Sek.
- ☐ B bis 60 Sek.
- ☐ C über 60 Sek.

Fragenallerlei – wer weiß Bescheid?

1. In welcher Sprache findet man die internationalen Bezeichnungen der Musik?
- ☐ A in Französisch
- ☐ B in Deutsch
- ☐ C in Italienisch

2. Was ist eine Arie?
- ☐ A ein Einleitungsgesangsstück
- ☐ B ein Sologesangsstück
- ☐ C ein Sprechgesangsstück

3. Welcher Begriff meint eine Stilrichtung im Jazz?
- ☐ A Bebop
- ☐ B Catch
- ☐ C Largo

4. Ein Kantor ist ein . . . ?
- ☐ A geistlicher Tanz
- ☐ B Musikdirektor in der evangelischen Kirche
- ☐ C fahrender Spielmann des Barock

5. Was ist ein Konservatorium?
- ☐ A ein Museum für alte Musik
- ☐ B ein Institut für Musikforschung
- ☐ C eine Fachschule für Musikausbildung

6. Unter der Bezeichnung *Opus* versteht man eine . . . ?
- ☐ A Zählweise von Kompositionen
- ☐ B Einleitungsmusik zu Opern und Operetten
- ☐ C Abkürzung für Oratorium, Präludium und Sinfonie

7. Was ist ein Potpourri?
- ☐ A ein gemischter Chor
- ☐ B ein Melodienreigen
- ☐ C eine Notensammlung

Welche Begriffe gehören hier nicht dazu?

Alpheus Babcock
Andrea Guarneri
Antonio Torres
Carl Zeller
Heinrich Sutermeister
Johann Christoph Denner
Louis Panormo
Nicolas Lupot
Sebastien Erard
Andrea Amati
Antonio Stradivari
Bartolommeo Christofori
Hans Ruckers
Jakob Stainer
Jörg Mayer
Mathias Klotz
Robert Moog
Theobald Böhm

*

Banjo
Gitarre
Kontrabaß
Mandoline
Violine
Bratsche
Harfe
Laute
Posaune
Zither

*

Joan Baez
James Brown
Bob Dylan
Aretha Franklin
Bob Marley
Cliff Richard
Rod Stewart
Steve Winwood
Chuck Berry
Ray Charles
Peter Frampton
Manfred Mann
Wilson Pickett
Neil Sedaka
Andy Warhol
Stevie Wonder

*

☐ A bis 3 Min.
☐ B bis 6 Min.
☐ C über 6 Min.

Fachausdrücke in der Musik

Was heißt . . . ?

1. adagio
☐ A langsam
☐ B mäßig
☐ C schnell

2. affettuoso
☐ A erregt
☐ B schwermütig
☐ C leidenschaftlich

3. allegro
☐ A übermäßig
☐ B schnell
☐ C ruhig

4. andante
☐ A zwischen heiter und traurig
☐ B zwischen schnell und langsam
☐ C zwischen laut und leise

5. cantabile
☐ A ausdrucksvoll
☐ B wechselhaft
☐ C eindrucksvoll

6. doloroso
☐ A gewaltig
☐ B heiter
☐ C traurig

7. forte
☐ A sanft
☐ B laut
☐ C leise

8. giocoso
- ☐ A heiter
- ☐ B launisch
- ☐ C ernst

9. maestoso
- ☐ A feierlich
- ☐ B lieblich
- ☐ C schmerzlich

10. moderato
- ☐ A gesteigert
- ☐ B ausgelassen
- ☐ C gemäßigt

11. piano
- ☐ A rasch
- ☐ B leise
- ☐ C schwer

12. presto
- ☐ A vibrierend
- ☐ B extrem laut
- ☐ C geschwind

13. ritardando
- ☐ A langsamer werdend
- ☐ B lauter werdend
- ☐ C schwächer werdend

14. spirituoso
- ☐ A sehr leise
- ☐ B lebhaft
- ☐ C sehr heftig

Wie nennt man im Griechischen die Musik?

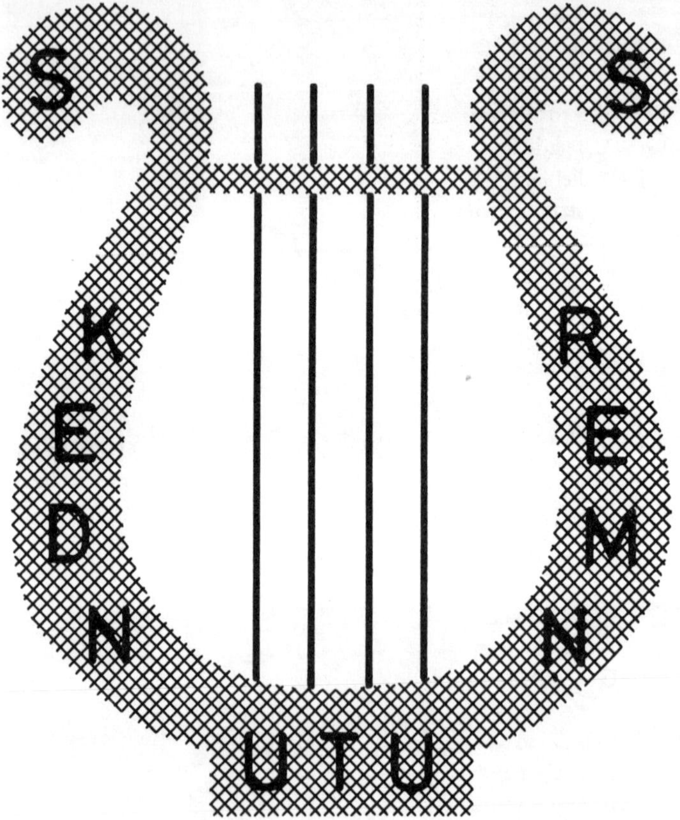

☐ A bis 1 Min. ☐ B bis 2 Min. ☐ C über 2 Min.

Daten und Fakten aus der Musikgeschichte

(Höchstpunktzahl: 97)

Wer weiß über die Musik der Frühzeit Bescheid?

1. Die Musik hat im Leben der Steinzeitmenschen eine große Rolle gespielt. Stimmt das?

☐ A ja
☐ B nein
☐ C keine Antwort

2. Welches ist die ursprünglichste Form der Melodie?

☐ A der Ruf eines Säugetiers
☐ B das Geräusch von Wind und Wetter
☐ C der Ruf eines Vogels

3. Aus Sprechstimme und monotonem Gehämmer auf einem Knochen oder einem hohlen Holz, so entstand die erste Musik. Stimmt das?

☐ A nein
☐ B ja
☐ C keine Antwort

4. Das Alter der Musik ist . . . ?

☐ A kann man nicht genau sagen
☐ B nicht sehr hoch
☐ C sehr hoch

5. Jahrtausendealte Höhlenzeichnungen zeigten tanzende Menschen. Stimmt das?

- ☐ A ja
- ☐ B keine Antwort
- ☐ C nein

6. Wann gab es schon Harfen, kleine gitarrenähnliche Instrumente und Flöten?

- ☐ A um 3500 v. Chr.
- ☐ B um 4000 v. Chr.
- ☐ C um 4500 v. Chr.

7. Griechische Musiker genossen einen besseren Ruf als die römischen und waren kultivierter. Stimmt das?

- ☐ A keine Antwort
- ☐ B nein
- ☐ C ja

8. In welchem Jahrhundert gab es schon musikalische Notation?

- ☐ A schon um 1300 v. Chr.
- ☐ B schon um 1400 v. Chr.
- ☐ C schon um 1500 v. Chr.

9. Das Musikrepertoire vieler Kulturen im Orient, in China und Japan basiert heute noch auf der Fünftonleiter. Stimmt das?

- ☐ A ja
- ☐ B keine Antwort
- ☐ C nein

Sind Sie ein Kenner der Musik des frühen Mittelalters?

1. Wie hieß der Mönch, der einiges über die Musik aus dieser Zeit schrieb?

☐ A Balbulus
☐ B Maban
☐ C Alkuin

2. Welche Einrichtungen ließ Papst Gregor der Große nach der Reorganisation der Kirchenmusik errichten?

☐ A Organistenschulen
☐ B Sängerschulen
☐ C Glockenspielschulen

3. Karl der Große bekam vom Kalifen Harum-al-Raschid ein Musikinstrument geschenkt. Welches?

☐ A eine Orgel
☐ B ein Signalhorn
☐ C eine Harfe

4. Was ist ein Platerspiel?

☐ A ein musikalisches Kinderspiel
☐ B ein blasbares Musikinstrument
☐ C ein altes Musikstück

5. Welche Zeichen verwendete Boethius zur Bezeichnung von Tonhöhen?

☐ A römische Ziffern
☐ B schwarze Punkte
☐ C Buchstaben des Alphabets

Wie gut kennen Sie die Musik des späten Mittelalters?

1. Welcher Musikdarbietung stand die Kirche feindselig gegenüber?
☐ A dem Musizieren
☐ B dem Tanz
☐ C dem Gesang

2. Welche Themen hatten die Lieder der Minnesänger in Deutschland?
☐ A Klatsch und Neuigkeiten
☐ B Geistlichkeit und Frömmigkeit
☐ C Sage und Epos

3. Die meisten Minnesänger waren ...?
☐ A Ritter von hoher Bildung
☐ B Abenteurer von zwielichtiger Persönlichkeit
☐ C Mönche von großer Frömmigkeit

4. Wie hießen die Sänger, die gegen Ende des 11. Jahrhunderts im südlichen Frankreich auftauchten?
☐ A die Souffleurs
☐ B die Troubadours
☐ C die Jongleurs

5. Welcher Herkunft waren die französischen Sänger zum größten Teil?

☐ A bäuerlicher
☐ B geistlicher
☐ C adliger

6. Die Sänger, die einige Jahrzehnte später im nördlichen Frankreich auftauchten, nannte man ... ?

☐ A die Trouveres
☐ B die Dragours
☐ C die Ventadours

7. Welche Gesangsform wurde durch eine neue Notenschrift geschaffen?

☐ A die Langstimmigkeit
☐ B die Breitstimmigkeit
☐ C die Mehrstimmigkeit

8. Der bedeutendste Vertreter des Meistersangs in Deutschland war ... ?

☐ A Johann Staden
☐ B Hans Sachs
☐ C Hermann Finck

9. Von welcher Gesellschaftsschicht wurde der Schreittanz, »Basse danse«, meist getanzt?

☐ A von den Aristokraten
☐ B von den Bauern
☐ C von den Geistlichen

10. Einen volkstümlichen ländlichen Tanz dieser Zeit nannte man ... ?

☐ A Raspa
☐ B Rondet
☐ C Gavotte

Was wissen Sie über die Musik der Renaissance?

1. Was bezeichnet man als Madrigal?
☐ A eine unbegleitete Vokalmusik
☐ B eine italienische Gesangstechnik
☐ C ein griechisches Notensystem

2. Aus welchem Land kam im 16. Jahrhundert eine Menge begabter Musiker?
☐ A aus Frankreich
☐ B aus Deutschland
☐ C aus den Niederlanden

3. Was zog die begabtesten Musiker aus dem Norden nach Italien?
☐ A das angenehme Klima
☐ B der gewaltige Reichtum der Fürsten
☐ C die stimmungsvolle Landschaft

4. In welchem Land hatte das Madrigal seine größten Erfolge?
☐ A in Griechenland
☐ B in Spanien
☐ C in England

5. Welche Tradition der Musik setzte sich in England fort?
☐ A Musik für Tasteninstrumente
☐ B Musik für Blasinstrumente
☐ C Musik für Saiteninstrumente

6. Welcher englische Komponist wurde in dieser Zeit am meisten gefeiert?
☐ A John Meiland
☐ B John Bull
☐ C John Frederick Lampe

7. Einer der großen italienischen Komponisten dieser Zeit war...?

☐ A Phillipp de Monte
☐ B Luis Milan
☐ C Giovanni da Palestrina

8. Wie nannte man einen italienischen Springtanz in dieser Zeit?

☐ A Saltarello
☐ B Salterolla
☐ C Seltarollo

9. Die Zusammenstellung der instrumentalen Tänze verlangte...?

☐ A meist einen raschen Satz
☐ B gewöhnlich einen langsamen und einen raschen Satz
☐ C meist einen langsamen Satz

10. Welches Musikinstrument erfreute sich damals besonders großen Interesses?

☐ A die Harfe
☐ B die Geige
☐ C die Laute

Kennen Sie die Musik des Barock?

1. Kann man das Barock das Zeitalter der musikalischen Virtuosen nennen?

- ☐ A nein
- ☐ B keine Antwort
- ☐ C ja

2. Wo darf man die Erfindung der Oper ansiedeln?

- ☐ A in Frankreich
- ☐ B in Italien
- ☐ C in Deutschland

3. Der erste überragende Meister dieser Form war . . . ?

- ☐ A Luigi Rossi
- ☐ B Nicola Fago
- ☐ C Claudio Monteverdi

4. Dies war auch das Zeitalter, in dem man versucht hat, die jugendliche Sopranstimme über den Stimmbruch hinaus zu bewahren. Wie?

- ☐ A durch Kastration
- ☐ B durch technische Hilfsmittel
- ☐ C durch Einnahme von pharmazeutischen Mitteln

5. Welche große Tradition hat sich im Norden Deutschlands durchgesetzt?

- ☐ A lutherische Kirchenmusik
- ☐ B gregorianische Kirchenlieder
- ☐ C römische Madrigale

6. In welchem Land ist Deutschlands berühmtester Vertreter des Barocks, Georg Friedrich Händel, begraben?

- ☐ A in Deutschland
- ☐ B in England
- ☐ C in Italien

7. Der größte französische Komponist dieser Zeit war ... ?

- ☐ A Jean François Lalouette
- ☐ B Michel de Montéclair
- ☐ C Jean Baptiste Lully

8. Welcher Herkunft war er?

- ☐ A italienischer
- ☐ B französischer
- ☐ C englischer

9. Um den Bedarf an Nachwuchs für die neuen Opernbühnen zu decken, wurden Gesangsschulen gegründet. Für welches Land trifft dies zu?

- ☐ A für Deutschland
- ☐ B für Italien
- ☐ C für Frankreich

10. Kann man sagen, daß Italienisch bis auf den heutigen Tag das Esperanto der Musik geblieben ist?

- ☐ A keine Antwort
- ☐ B nein
- ☐ C ja

Und jetzt zur Musik der Klassik!

1. Welche Musikform verdanken wir diesem Zeitalter?
- ☐ A das Oratorium
- ☐ B die Symphonie
- ☐ C die Kantate

2. Wann setzen Sie das Ende der musikalischen Vorherrschaft Italiens an?
- ☐ A Anfang des klassischen Zeitalters
- ☐ B Mitte des klassischen Zeitalters
- ☐ C Ende des klassischen Zeitalters

3. Wann konnte Wolfgang Amadeus Mozart seine größten Publikumserfolge feiern?
- ☐ A als er noch ein Kind war
- ☐ B als er 25 Jahre alt war
- ☐ C als er 32 Jahre alt war

4. Welche Stadt war für die nächsten zweihundert Jahre die musikalische Hauptstadt Europas?
- ☐ A Paris
- ☐ B Amsterdam
- ☐ C Wien

Wieviel wissen Sie über die Musik der Romantik?

1. Welches war das Instrument der Romantiker?
- ☐ A die Querflöte
- ☐ B das Klavier
- ☐ C die Harfe

2. Wer war das einflußreichste musikalische Genie dieser Zeit?
- ☐ A Ludwig van Beethoven
- ☐ B Antonio Vivaldi
- ☐ C Johann Sebastian Bach

3. Ein Komponist und Meister der romantischen Klaviermusik verarbeitete die Volksweisen seiner Heimat in seine Musikwerke ein. Wer war das?
- ☐ A Jacques Offenbach
- ☐ B Giuseppe Sarti
- ☐ C Frédéric Chopin

4. Was wurde zu einer der beliebtesten Schöpfungen der Romantik?
- ☐ A gesprochene Texte mit Harfenbegleitung
- ☐ B kurze Instrumentalstücke für Klavier
- ☐ C lange Instrumentalstücke für Querflöte

5. Man nannte diese Art von Musik . . . ?
- ☐ A Programmusik
- ☐ B Klaviatmusik
- ☐ C Manualmusik

6. Wer erprobte zu der Zeit bevorzugt neue Orchestermöglichkeiten?
- ☐ A Marin Marais
- ☐ B Jean Philippe Rameau
- ☐ C Hector Berlioz

7. Welche Entwicklung verdankt die Musik dem überzeugten Romantiker Franz Schubert?

☐ A Liedervorträge mit Klavierbegleitung
☐ B langsame Tänze mit Klavierbegleitung
☐ C Liedervorträge ohne Musikbegleitung

8. In wessen Schatten stand Franz Schubert sein ganzes Leben?

☐ A des Johannes Brahms
☐ B des Ludwig van Beethoven
☐ C des Christian Cannabich

9. Eine Erneuerung erweiterte den Tonumfang und die Klangschönheit des Klaviers. Welche war das?

☐ A eine Erweiterung der Klaviatur
☐ B stärkere Saitenbespannung
☐ C der gußeiserne Rahmen

Jahreszahlen in der Musik
In welchem Jahr...

1. ... wurde Johann Sebastian Bach das Leipziger Thomaskantorat übertragen?

☐ A 1723 ☐ B 1725 ☐ C 1727

2. ... ist der amerikanische Komponist Burt Bacharach geboren?

☐ A 1922 ☐ B 1925 ☐ C 1928

3. ... brach die Popgruppe »The Beatles« auseinander?

☐ A 1971 ☐ B 1973 ☐ C 1975

4. ... wurden Ludwig van Beethovens Gebeine auf dem Wiener Zentralfriedhof umgebettet?

☐ A 1886 ☐ B 1888 ☐ C 1890

5. ... schrieb Leonard Bernstein das Musical »West Side Story«?

☐ A 1951 ☐ B 1954 ☐ C 1957

6. ... wurde Benjamin Brittens Ballettmärchen »Der Pagodenprinz« uraufgeführt?

☐ A 1953 ☐ B 1957 ☐ C 1961

7. ... ist die Sopranistin Maria Callas gestorben?

☐ A 1977 ☐ B 1975 ☐ C 1973

8. ... starb in Paris Claude Debussy?

☐ A 1912 ☐ B 1915 ☐ C 1918

9. ... übersiedelte Gaetano Donizetti nach Paris?

☐ A 1829 ☐ B 1834 ☐ C 1839

10. ... trat Werner Egk den Posten als Direktor der Musikhochschule in Berlin an Boris Blacher ab?

☐ A 1953 ☐ B 1956 ☐ C 1959

11. … wurde die Operette »Der fidele Bauer« von Leo Fall in Mannheim uraufgeführt?

☐ A 1906 ☐ B 1907 ☐ C 1908

12. … macht Manuel de Falla eine Konzertreise nach Argentinien?

☐ A 1939 ☐ B 1941 ☐ C 1943

13. … ist der Komponist George Gershwin gestorben?

☐ A 1933 ☐ B 1935 ☐ C 1937

14. … brachte Christoph Willibald Gluck seine erste Oper heraus?

☐ A 1736 ☐ B 1741 ☐ C 1746

15. … wurde der Klarinettist und Bandleader Benny Goodman geboren?

☐ A 1905 ☐ B 1909 ☐ C 1913

16. … entstand die Oper »Der Prinz von Homburg« von Hans Werner Henze?

☐ A 1958 ☐ B 1960 ☐ C 1962

17. … wurde Herbert von Karajan Dirigent der Berliner Philharmoniker?

☐ A 1953 ☐ B 1954 ☐ C 1955

18. … hat sich Franz Lehár für die Militärkapellmeister-Laufbahn entschieden?

☐ A 1885 ☐ B 1890 ☐ C 1895

19. … ist der Paul-Lincke-Ring erstmals an erfolgreiche Komponisten der Unterhaltungsmusik verliehen worden?

☐ A 1953 ☐ B 1954 ☐ C 1955

20. … wanderte Frederick Loewe nach Amerika aus?

☐ A 1924 ☐ B 1928 ☐ C 1932

Wie gut wissen Sie über den Jazz Bescheid?

1. Welche Stadt in den Vereinigten Staaten steht mit dem Jazz besonders in Verbindung?

☐ A Chicago
☐ B New Orleans
☐ C Philadelphia

2. Wie entstand der eigentliche Jazz?

☐ A durch Verschmelzung von europäischen und afrikanischen Musiktraditionen
☐ B durch Verschmelzung von afrikanischen und amerikanischen Musiktraditionen
☐ C durch Verschmelzung von nordamerikanischen und südamerikanischen Musiktraditionen

3. Von welcher Musikrichtung übernahm der Jazz viele Merkmale?

☐ A von der barocken Musikrichtung
☐ B von der romantischen Musikrichtung
☐ C von der klassischen Musikrichtung

4. Welcher Sängerin gab man den Namen »First Lady of Jazz«?

☐ A Bessie Smith
☐ B Ella Fitzgerald
☐ C Billie Holiday

5. Wie heißen die zwei berühmten Musiker, die in New Orleans geboren sind?

☐ A King Oliver und Louis Armstrong
☐ B Earl Hines und Woody Herman
☐ C Erroll Garner und Charlie Parker

6. Wann wurden die Bigbands populär?

☐ A in den zwanziger Jahren
☐ B in den dreißiger Jahren
☐ C in den vierziger Jahren

7. Wer war der erste berühmte weiße Virtuose im Jazz?

☐ A Gene Krupa
☐ B Dave Brubeck
☐ C Bix Beiderbecke

8. Wie wurde früher die »schwarze« Musik gespielt?

☐ A meist nach Gehör und ohne Noten
☐ B meist nach Text und Noten
☐ C meist nach Noten und ohne Text

9. Wie kann man den Klang des Blues genauer bezeichnen?

☐ A beschwingt
☐ B melancholisch
☐ C lebhaft

Sind Sie ein Kenner der Popmusik?

1. Welcher Sänger darf den Anspruch erheben, als Vater des Rock and Roll betrachtet zu werden?

☐ A Elvis Presley
☐ B Buddy Holly
☐ C Bill Haley

2. Als Blues- und Rock-Sänger hatte er großen Einfluß auf die junge Generation von Rockmusikern. Wer ist das?

☐ A Little Richard
☐ B Chuck Berry
☐ C Fats Domino

3. Wer war der erste weiße Sänger, der »schwarz« sang?

☐ A Elvis Presley
☐ B Bob Dylan
☐ C Jerry Lee Lewis

4. Wie hieß die gefeiertste Gruppe der Beatmusik?

☐ A die Animals
☐ B die Beatles
☐ C die Kinks

5. Von welcher Gruppe wurde die »Surfing-Musik« entwickelt?
- ☐ A Mamas and the Papas
- ☐ B Byrds
- ☐ C Beach Boys

6. Wer schrieb die Rock-Oper »Tommy«?
- ☐ A Brian Wilson
- ☐ B Pete Townshend
- ☐ C Ray Davies

7. In welchem Land war Anfang der sechziger Jahre der Ausgangspunkt für den sogenannten »Beat-Boom«?
- ☐ A in Holland
- ☐ B in den Vereinigten Staaten
- ☐ C in England

8. Das riesige Ereignis in der »Flower-Power-Ära« war ...?
- ☐ A das Freiluft-Festival in Woodstock
- ☐ B die Uraufführung des Musicals »Hair«
- ☐ C das Auftreten der Blumenkinder

9. In welche Richtung muß man Bob Dylan und Joan Baez einordnen?
- ☐ A in Richtung Country-Musik
- ☐ B in Richtung Folk-Musik
- ☐ C in Richtung Gospel-Musik

10. Die Musik der Gruppe »Supremes« nannte man ...?
- ☐ A Motown-Sound
- ☐ B Nashville-Sound
- ☐ C MOR-Sound

11. Welcher Sänger legte auf der Bühne einen kraftvollen Soul vor?
- ☐ A Marvin Gaye
- ☐ B Wilson Pickett
- ☐ C Stevie Wonder

Aus der Welt der Solisten und Orchester

(Höchstpunktzahl: 33)

Wissen Sie über Symphonieorchester Bescheid?

1. Wie viele Musiker spielen meistens in einem Symphonieorchester?

☐ A etwa 140
☐ B etwa 100
☐ C etwa 180

2. Welche Instrumentengruppe bildet das Fundament des Orchesters?

☐ A die Streicher
☐ B die Holzbläser
☐ C die Blechbläser

3. Wo liegt der Ursprung des Symphonieorchesters?

☐ A in der französischen Oper
☐ B in der deutschen Oper
☐ C in der italienischen Oper

4. Wie löste der Dirigent im 18. Jahrhundert seine Aufgabe?

☐ A er dirigierte vom Cembalo aus
☐ B er gab seine Anweisungen vor Konzertbeginn
☐ C er spielte, wie die Musiker, in der Gruppe

5. Wer war der große Wegbereiter des modernen Orchesterklangs mit Wirkungsfeld in Mannheim?

☐ A Georg Anton Benda
☐ B Karl Friedrich Fasch
☐ C Johann Stamitz

6. Welches Orchesterstück setzte einen Maßstab symphonischer Form für das 19. Jahrhundert?

☐ A Tschaikowskis »Winterträume«
☐ B Beethovens »Eroica«
☐ C Haydns »Salomon«

Wer kennt diese berühmten Orchester?

1. In welchem Jahr wurde das »Gewandhausorchester Leipzig« ins Leben gerufen?

☐ A im Jahre 1781
☐ B im Jahre 1783
☐ C im Jahre 1785

2. Mit welcher Aufführung trat dieses Orchester zum ersten Mal vor die Öffentlichkeit?

☐ A mit Beethovens zweiter Symphonie
☐ B mit Beethovens fünfter Symphonie
☐ C mit Beethovens achter Symphonie

3. Welcher Komponist gründete »Die Wiener Philharmoniker«?

☐ A Josef Lanner
☐ B Wolfgang Schneiderhan
☐ C Otto Nicolai

4. Von welchem Dirigenten wurde das »Boston Symphony Orchestra« bis 1962 geleitet?

☐ A von Charles Münch
☐ B von Henry Wood
☐ C von Frank Bridge

5. Welcher Name ist verbunden mit dem »Berliner Philharmonischen Orchester«?

☐ A Carl Orff
☐ B Herbert von Karajan
☐ C Werner Egk

6. In welcher Stadt existiert das »Concertgebouw Orkest«?

☐ A in Amsterdam
☐ B in Haarlem
☐ C in Den Haag

7. Ab wann bekam das »Chicago Symphony Orchestra« seinen jetzigen Namen?

☐ A ab 1910
☐ B ab 1912
☐ C ab 1914

8. Mit welchen zwei Namen bleibt die Geschichte des »Philadelphia Orchestra« verbunden?

☐ A mit Adrian Boult und Pierre Monteux
☐ B mit Colin Davis und Lorin Maazel
☐ C mit Leopold Stokowski und Eugene Ormandy

9. Welchen Platz behauptet das »London Symphony Orchestra«?

☐ A das älteste britische Orchester
☐ B das klangstärkste britische Orchester
☐ C das jüngste britische Orchester

10. Wer war der erste Dirigent des »Cleveland Orchestra«?

☐ A Erich Leinsdorf
☐ B Georg Szells
☐ C Nikolay Sokolov

11. Wie hieß der Gründer des »Orchestre de la Suisse Romande«?

☐ A Ernest Ansermet
☐ B Heinrich Sutermeister
☐ C Walter Goehr

12. Welches Orchester unternahm als erstes eine Tournee durch das kommunistische China?

☐ A das »Berliner Philharmonische Orchester«
☐ B das »London Philharmonic Orchestra«
☐ C »Die Wiener Philharmoniker«

Mit diesen Buchstaben kommen Sie auf den Namen eines amerikanischen Pianisten und Orchesterleiters. Wer kennt ihn?

- ☐ A bis 3 Min.
- ☐ B bis 6 Min.
- ☐ C über 6 Min.

Nicht nur Klavierspieler kennen dieses Gefühl. Sicher haben Sie es auch schon erlebt. Wie heißt es?

- ☐ A bis 1 Min.
- ☐ B bis 2 Min.
- ☐ C über 2 Min.

Hinter welchen Angaben verbirgt sich Herbert von Karajan?

1. Geboren 1893 in Wien/Sängerknabe/Musikstudium als Pianist und Dirigent/Chorleiter im Stadttheater in Brünn/Deutschlands jüngster Opernintendant/Direktor der Staatsoper Wien/Staatsopern Berlin und München/Leitung des Salzburger Mozarteums und der Salzburger Festspiele/Wiederverpflichtung als Staatsoperndirektor nach Wien wurde politisch in Frage gestellt.

2. Geboren 1902 in Babenhausen/Musikstudium in Augsburg und München/Korrepetitionstätigkeit in Mönchen-Gladbach/erster Kapellmeister in Kiel/Generalmusikdirektor in Duisburg/Leiter der »Berliner Funkstunde«/Gast der Berliner Philharmoniker und der Charlottenburger Oper/Generalmusikdirektor des neuen Hamburgischen Staatsorchesters/Bindungen mit den Wiener Symphonikern/Chefdirigent des Symphonieorchesters des Bayerischen Rundfunks in München.

3. Geboren 1908 in Salzburg/Musikstudium in dieser Stadt/Aushilfsdirigent in Ulm/Operndirektor in dieser Stadt/Direktor der Berliner Staatsoper/Direktor der Staatsoper Wien/Dirigent der Berliner Philharmoniker/als Dirigent von Mozart-Opern unübertroffen.

4. Geboren 1894 in Graz/Jurastudium/Kapellmeisterstelle in München/Generalmusikdirektor in Darmstadt/Operndirektor in Dresden/Wirkung am Teatro San Carlo in Neapel/Leiter der Deutschen Bühne im Teatro Colon in Buenos Aires/erster Direktor der Wiener Staatsoper nach deren Wiederaufbau.

☐ A bis 3 Min.
☐ B bis 5 Min.
☐ C über 5 Min.

Sind Ihnen diese Instrumentalisten ein Begriff?

1. Claudio Arrau
2. Wilhelm Backhaus
3. Bix Beiderbecke
4. Dennis Brain
5. Julian Bream
6. Sten Broman
7. Dave Brubeck
8. Ferruccio Busoni
9. Pablo Casals
10. Miles Davis
11. Marcel Dupré
12. Friedrich Gulda
13. Lionel Hampton
14. Woody Herman
15. Gene Krupa
16. Walter Liberace
17. Gerald Moore
18. Yehudi Menuhin
19. David Oistrach
20. Ignacy Paderewski
21. Charlie »Bird« Parker
22. Oscar Peterson
23. Jean «Django« Reinhardt
24. Artur Rubinstein
25. Pablo de Sarasate
26. Wolfgang Schneiderhan
27. Ravi Shankar
28. Joseph Szigeti
29. Joseph Suk
30. Lester Young

Sind Ihnen diese Instrumentalisten ein Begriff?

A1. amerikanischer Altsaxophonist
A2. amerikanischer Jazz-Kornettist
A3. amerikanischer Jazz-Pianist
A4. amerikanischer Jazz-Pianist, Schlagzeuger, Vibraphonist
A5. amerikanischer Jazz-Schlagzeuger
A6. amerikanischer Klarinettist
A7. amerikanischer Pianist
A8. amerikanischer Tenorsaxophonist
A9. amerikanischer Trompeten- und Flügelhornspieler
A10. amerikanischer Violinist
B1. belgischer Jazz-Gitarrist
C1. chilenischer Pianist
D1. deutscher Pianist
E1. englischer Gitarrist und Lautenist
E2. englischer Hornist
E3. englischer Pianist
F1. französischer Organist
G1. italienischer Pianist
G2. indischer Sitar-Spieler
H1. kanadischer Jazz-Pianist
I1. österreichischer Pianist
I2. österreichischer Violinist
J1. polnischer Pianist
J1. polnischer Pianist
K1. russischer Violinist
L1. schwedischer Violinist
L2. spanischer Cellist
L3. spanischer Violinist
M1. tschechischer Violinist
N1. ungarischer Violinist

☐ A bis 10 Antworten ☐ B bis 20 Antworten
☐ C über 20 Antworten Zeitwertung: 8 Min.

Hinter diesen Buchstaben hat sich ein amerikanischer Saxophonist versteckt. Wie heißt er?

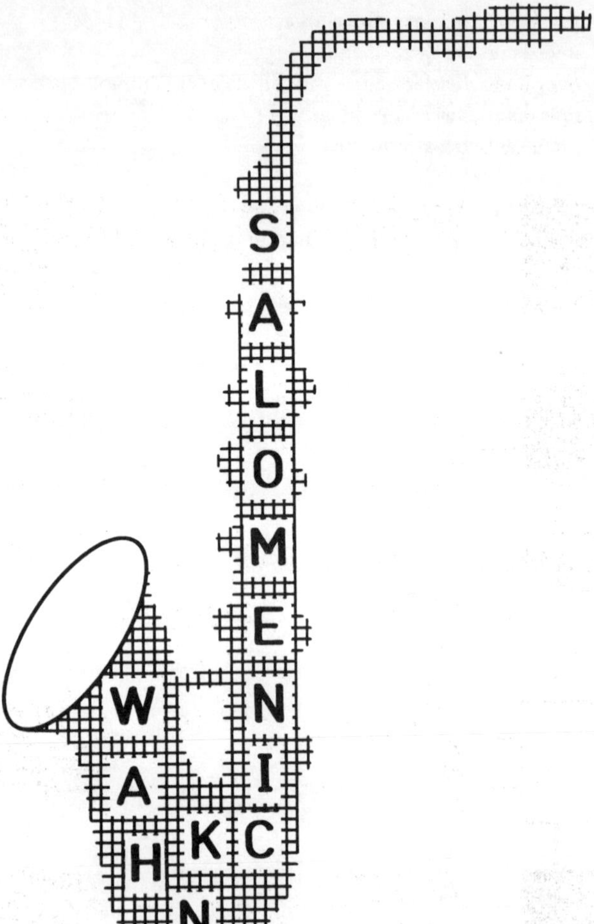

☐ A bis 2 Min. ☐ B bis 4 Min. ☐ C über 4 Min.

Komponisten und Interpreten

(Höchstpunktzahl: 102)

Wie gut können Sie mit einem Puzzle umgehen?

Wenn Sie die einzelnen Quadrate auseinanderschneiden und richtig zusammenfügen, so kommt ein Musiker der Romantik zum Vorschein. Wie heißt er?

☐ A bis 5 Min. ☐ B bis 10 Min. ☐ C über 10 Min.

Was wissen Sie über Richard Wagner?

1. In welchem Jahr konnte er sein erstes Musikwerk, eine Ouvertüre in B-Dur, aufführen lassen?

☐ A Weihnachten 1830
☐ B Ostern 1832
☐ C Weihnachten 1834

2. Welche Oper hat er vernichtet?

☐ A »Das Liebesverbot«
☐ B »Die Hochzeit«
☐ C »Die Walküre«

3. Seine erste Frau war Schauspielerin. Wie hieß diese?

☐ A Eva Sachs
☐ B Minna Planer
☐ C Marie Stadinger

4. In welcher Stadt wollte er mit seinen Opern den großen Durchbruch erzielen?

☐ A in Rom
☐ B in Wien
☐ C in Paris

5. Wer war Michail Bakunin, mit dem Wagner befreundet war?
- ☐ A ein polnischer Opernsänger
- ☐ B ein russischer Anarchist
- ☐ C ein ungarischer Musikverleger

6. In welche Verwicklung geriet Wagner im Mai 1849 in Dresden?
- ☐ A Veruntreuung von Staatsgeldern für Bühnenprojekte
- ☐ B Beleidigung von Personen des öffentlichen Lebens
- ☐ C Aufstand gegen den sächsischen König

7. Danach wurde er steckbrieflich gesucht. Unter welchem falschen Namen konnte er in die Schweiz entkommen?
- ☐ A als Dr. Widmann
- ☐ B als Dr. Pogner
- ☐ C als Dr. Kilian

8. An welchen Kompositionen arbeitete er nun im Exil?
- ☐ A an »Götterdämmerung« und »Parsifal«
- ☐ B an »Rheingold« und »Walküre«
- ☐ C an »Lohengrin« und »Siegfried«

9. Wer rettete ihn vor dem finanziellen Ruin?
- ☐ A König Ludwig II. von Bayern
- ☐ B König Wilhelm I. von Hohenzollern
- ☐ C König Karl VII. von Bayern

10. Nachdem Wagners Sohn Siegfried geboren war, heiratete er Cosima. In welchem Jahr war das?
- ☐ A im Jahre 1870
- ☐ B im Jahre 1872
- ☐ C im Jahre 1874

11. Wann und wo starb Richard Wagner?
- ☐ A 1880 in Bayreuth
- ☐ B 1883 in Venedig
- ☐ C 1886 in Leipzig

Wer weiß über Frédéric Chopin Bescheid?

1. Der Vater Chopins war ... ?
- ☐ A französischer Geigenlehrer
- ☐ B französischer Sprachlehrer
- ☐ C französischer Tanzlehrer

2. Wie alt war Chopin, als er eine Polonaise veröffentlichte?
- ☐ A acht Jahre
- ☐ B zehn Jahre
- ☐ C zwölf Jahre

3. Für welches Instrument komponierte er fast ausschließlich?
- ☐ A für die Geige
- ☐ B für das Klavier
- ☐ C für die Flöte

4. In seinen frühen Werken ließ er sich von zwei Persönlichkeiten beeinflussen. Wie hießen diese?
- ☐ A Johann Nepomuk Hummel und Niccolò Paganini
- ☐ B Carl Maria von Weber und Joseph Haydn
- ☐ C Ludwig van Beethoven und Michail Glinka

5. Mit welchem Beruf verdiente er seinen Lebensunterhalt?
- ☐ A als Dirigent
- ☐ B als Musikalienhändler
- ☐ C als Klavierlehrer

6. Durch wen wurde er mit der Schriftstellerin George Sand bekannt?
- ☐ A durch Robert Schumann
- ☐ B durch Franz Liszt
- ☐ C durch Giacomo Meyerbeer

7. Wie hieß die polnische Gräfin, mit der er die Verlobung wieder auflöste?
- ☐ A Theresa Bohomolec
- ☐ B Anna Michalowski
- ☐ C Marie Wodzinska

8. Auf einer Insel hielt er sich für längere Zeit in Gesellschaft George Sands auf. Wie hieß diese?
- ☐ A Ibiza
- ☐ B Mallorca
- ☐ C Malta

9. In welchem Jahr trennte er sich von George Sand?
- ☐ A 1847
- ☐ B 1850
- ☐ C 1853

10. An welcher Krankheit ist er mit nur 39 Jahren in Paris gestorben?
- ☐ A an einem Herzleiden
- ☐ B an Blutvergiftung
- ☐ C an Lungenschwindsucht

11. Was warf man bei seinem Begräbnis auf seinen Sarg?
- ☐ A Blumen aus Polen
- ☐ B Erde aus Polen
- ☐ C Briefe aus Polen

Bekannte Persönlichkeiten Wer kennt ihre nationale Herkunft und ihr musikalisches Wirkungsfeld?

1. Alberto Ginastera
2. Alberto Williams
3. Alexander Skrjabin
4. Alphons Diepenbrock
5. Andres Segovia
6. Burt Bacharach
7. Carl Nielsen
8. Claudio Arrau
9. Dag Wirén
10. Dinu Lipatti
11. Douglas Lilburn
12. Ferenc Fricsay
13. Frank Marten
14. Franz Völker
15. Frederick Delius
16. Gérard Souzay
17. Glenn Gould
18. Gottfried von Einem
19. Heitor Villa-Lobos
20. Joseph Suk
21. Kathleen Ferrier
22. Kirsten Flagstad
23. Lauritz Melchior
24. Malcolm Williamson
25. Manuel Ponce
26. Nellie Melba
27. Paul Tortelier
28. Pietro Mascagni
29. Quincy Jones
30. Selim Palmgren
31. Teresa Berganza
32. Thea Musgrave
33. Tor Aulin
34. Wanda Landowska

Bekannte Persönlichkeiten

A1. amerikanischer Komponist
A2. amerikanischer Komponist und Bandleader
B1. argentinischer Komponist
B2. argentinischer Komponist
C1. australischer Komponist
C2. australische Sängerin
D1. brasilianischer Komponist
E1. chilenischer Pianist
F1. dänischer Komponist
F2. dänischer Tenor
G1. deutscher Tenor
H1. englische Altistin
H2. englischer Komponist
I1. finnischer Komponist und Pianist
J1. französischer Bariton
J2. französischer Cellist und Komponist
K1. holländischer Komponist
L1. italienischer Komponist
M1. kanadischer Pianist
N1. mexikanischer Komponist
O1. neuseeländischer Komponist
P1. norwegische Sopranistin
Q1. österreichischer Komponist
R1. polnische Cembalistin
S1. rumänischer Komponist und Pianist
T1. russischer Komponist und Pianist
U1. schottische Komponistin
V1. schwedischer Komponist
V2. schwedischer Geiger, Dirigent und Komponist
W1. schweizerischer Komponist
X1. spanischer Gitarrist
X2. spanische Mezzosopranistin
Y1. tschechischer Geiger und Komponist
Z1. ungarischer Dirigent

Wissen Sie über das Leben der Musiker Bescheid?

1. An welchen Folgen ist Alban Berg gestorben?
- ☐ A an einer Infektion aufgrund eines Insektenstichs
- ☐ B beim Sturz seines Pferdes
- ☐ C nach einer Blinddarmoperation

2. Was begründete Alessandro Scarlatti?
- ☐ A die Venezianische Schule
- ☐ B die Neapolitanische Schule
- ☐ C die Florentinische Schule

3. Wann entschloß sich Arnold Schönberg, Berufsmusiker zu werden?
- ☐ A als die Bank, in der er arbeitete, bankrott wurde
- ☐ B am Sterbebett seines geliebten Vaters
- ☐ C als er feststellte, daß Musik auch heilen kann

4. Wie stellte Christoph Willibald Gluck seine finanzielle Unabhängigkeit sicher?
- ☐ A durch langes Arbeitspensum und wenig Schlaf
- ☐ B durch Heirat mit Marianne Perg, Tochter eines Bankiers
- ☐ C durch Spekulationen und Erbschaften

5. In welchem Alter veröffentlichte Claudio Monteverdi sein erstes Musikstück?
- ☐ A 11 Jahre
- ☐ B 13 Jahre
- ☐ C 15 Jahre

6. Mit acht Jahren hat Friedrich Smetana ein Musikstück komponiert. Was war das?
- ☐ A ein Galopp
- ☐ B ein Walzer
- ☐ C eine Polonaise

7. Wie viele Opern schuf Gaetano Donizetti?
- ☐ A über 50
- ☐ B über 70
- ☐ C über 90

8. In welchem Jahr begann Georg Friedrich Händel zu erblinden?
- ☐ A 1751
- ☐ B 1754
- ☐ C 1757

9. Wer ist der Musiker, bei dessen Sohn Georg Philipp Telemann Pate wurde?
- ☐ A Johann Joachim Quantz
- ☐ B Georg Friedrich Händel
- ☐ C Johann Sebastian Bach

10. Wie lebte Guido von Arezzo?
- ☐ A als Franziskanermönch
- ☐ B als Benediktinermönch
- ☐ C als Kapuzinermönch

11. Zu welchem Studium trat Igor Strawinsky in die Universität in Petersburg ein?
- ☐ A Jura
- ☐ B Musik
- ☐ C Medizin

12. An welcher Krankheit ist Johannes Brahms gestorben?
- ☐ A an einem Herzleiden
- ☐ B an einem Leberleiden
- ☐ C an Typhus

13. Wie viele Geschwister hatte Joseph Haydn?
- ☐ A sieben Geschwister
- ☐ B neun Geschwister
- ☐ C elf Geschwister

Italienische Musiker
Finden Sie schnell heraus, welche zwei hier nicht dazugehören!

Domenico Alberti	Franco Alfano
Gregorio Allegri	Vinzenzo Bellini
Giovanni Bononcini	Marco Enrico Bossi
Luigi Cherubini	Antonio Cifra
Muzio Clementi	Arcangelo Corelli
Gaetano Donizetti	Antonio Draghi
Nicola Fago	Alfonso Ferrabosco
Marco da Gagliano	Francesco Gasparini
Carlo Gesualdo	Alberto Ginastera
Tommaso Giordani	Niccolò Jommelli
Stefano Landi	Orlando di Lasso
Pietro Locatelli	Antonio Lotti
Gian Francesco Malipiero	Francesco Mancini
Benedetto Marcello	Giambattista Martini
Claudio Monteverdi	Pietro Nardini
Luigi Nono	Niccolò Paganini
Giovanni Paisiello	Giovanni da Palestrina
Niccolò Piccini	Amilcare Ponchielli
Nicola Porpora	Giacomo Puccini
Gaetano Pugnani	Paolo Quagliati
Venanzio Ranzzini	Vittorio Rieti
Luigi Rossi	Gioacchino Rossini
Giuseppe Sammartini	Claudio Saracini
Giuseppe Sarti	Alessandro Scarlatti
Domenico Scarlatti	Gasparo Spontini
Giuseppe Tartini	Tommaso Traetta
Francesco Veracini	Guiseppe Verdi
Filippo Vitali	Antonio Vivaldi

☐ A bis 10 Min.
☐ B bis 20 Min.
☐ C über 20 Min.

Welche der vier Persönlichkeiten ist Joseph Haydn?

- ☐ A bis 10 Sek.
- ☐ B bis 20 Sek.
- ☐ C über 20 Sek.

Welcher Name eines deutschen Komponisten steckt in diesen Buchstaben?

- ☐ A bis 1 Min.
- ☐ B bis 2 Min.
- ☐ C über 2 Min.

Verschiedene Musikwerke und ihre Komponisten
Wissen Sie Bescheid?

1. Ballade »Die verfallene Mühle«
2. Ballett-Oper »Preußisches Märchen«
3. Chorwerk mit Orchester »Das Lied von der Glocke«
4. Geistliche Motette »Singet dem Herrn ein neues Lied«
5. Intermezzo »Die Magd als Herrin«
6. Kantate »Meeresstille und glückliche Fahrt«
7. Kantate »Der Menschen Weg«
8. Kanzone »La Mattinata«
9. Kinder-Oper »Wir bauen eine Stadt«
10. Konzertsuite »Die schwarze Spinne«
11. Märchenkantate »Jorinde und Joringel«
12. Musical »Anatevka«
13. Musical »Annie get your Gun«
14. Musical »Kiss Me Kate«
15. Oper »Der Uhrmacher von Straßburg«
16. Orchesterwerk »Rhapsody in Blue«
17. Ouvertüre »Lästerschule«
18. Pantomime »Der wunderbare Mandarin«
19. Präludium und Fuge »Das wohltemperierte Klavier«
20. Serenade »Eine kleine Nachtmusik«
21. Sinfonie »Das Lied von der Erde«
22. Singspiel »Der Weihnachtsabend«
23. Singspiel »Im Weißen Rössl«
24. Tanzspiel »Der holzgeschnitzte Prinz«
25. Walzer »Die Romantiker«

Verschiedene Musikwerke und ihre Komponisten
Wissen Sie Bescheid?

A. Johann Sebastian Bach
A. Johann Sebastian Bach
B. Samuel Barber
C. Béla Bartók
C. Béla Bartók
D. Ludwig van Beethoven
E. Ralph Benatzky
F. Irving Berlin
G. Günter Bialas
H. Boris Blacher
I. Jerry Bock
J. Hans Brehme
K. Max Bruch
L. Willi Burkhard
M. George Gershwin
N. Josef Matthias Hauer
O. Paul Hindemith
P. Joseph Lanner
Q. Ruggiero Leoncavallo
R. Carl Loewe
S. Albert Lortzing
T. Gustav Mahler
U. Wolfgang Amadeus Mozart
V. Giovanni Battista Pergolesi
W. Cole Porter

☐ A bis 8 Antworten ☐ B bis 16 Antworten
☐ C über 16 Antworten Zeitwertung: 5 Min.

Kniffliges, Wissenswertes, Privates

1. Wer ist die Schutzheilige der Musik?

☐ A die heilige Barbara
☐ B die heilige Cäcilie
☐ C die heilige Katharina

2. Welches Talent hatte Enrico Caruso außer Singen noch?

☐ A Karikaturen zeichnen
☐ B Geige spielen
☐ C Geschichten schreiben

3. Warum trug Antonio Vivaldi den Spitznamen »der rote Priester«?

☐ A wegen seiner roten Nase
☐ B wegen seiner roten Haare
☐ C wegen seiner roten Wangen

4. Der »Bucklige von Arras« ist der Musiker ...?

☐ A Philippe de Vitry
☐ B Guillaume de Machaut
☐ C Adam de la Halle

5. Wie lange hat Carl Maria von Weber an der Oper »Der Freischütz« gearbeitet?

☐ A 11 Jahre
☐ B 13 Jahre
☐ C 15 Jahre

6. Die Lieblingsgeige von Niccolò Paganini war eine ...?

☐ A Stradivari
☐ B Guarneri
☐ C Amati

7. Welchen Beruf hatte Thomas Britton, der aus Liebe zur Musik ein Freund Händels wurde?

☐ A Instrumentenbauer
☐ B Musikverleger
☐ C Kohlenhändler

8. Wer war der erste eigentliche Biograph von Joseph Haydn?

☐ A Carl Ferdinand Pohl
☐ B Sigismund Thalberg
☐ C Johann Georg Albrechtsberger

9. Die rätselhafte Krankheit von Maurice Ravel hatte welche Folgen?

☐ A Hörstörungen
☐ B Sehstörungen
☐ C Sprachstörungen

10. Wie heißt der Komponist, der sich auch als Architekt einen Namen gemacht hat?

☐ A Iannis Xenakis
☐ B Harold Shapero
☐ C Peter Sculthorpe

11. Welche Jazzsängerin war bekannt als »Die Mutter des Blues«?

☐ A Billie Holiday
☐ B Ma Rainey
☐ C Sarah Vaughan

12. Der richtige bürgerliche Name von Edith Piaf war . . . ?

☐ A Eleonore Gassion
☐ B Marie Gassion
☐ C Giovanna Gassion

In welchem Kasten ist das Saxophon links oben versteckt?

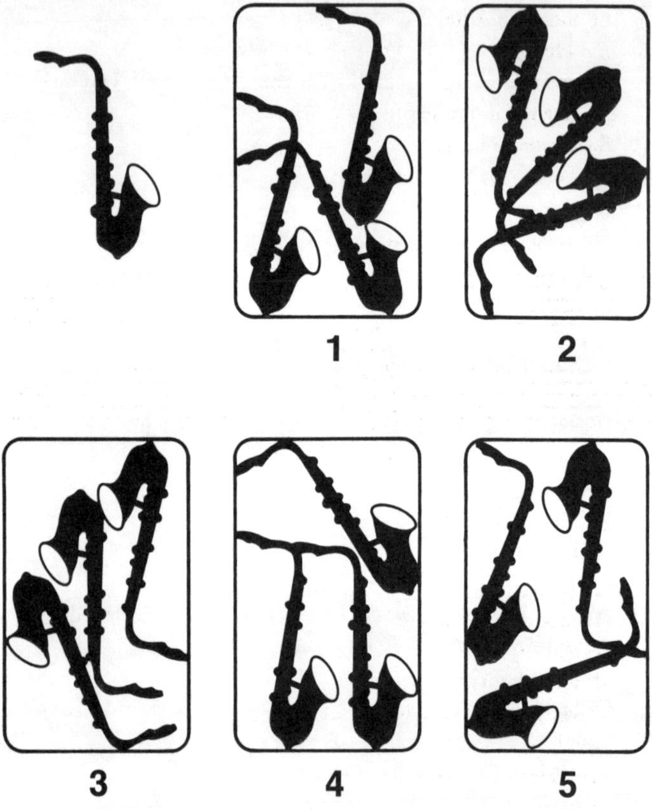

☐ A bis 1 Min. ☐ B bis 2 Min. ☐ C über 2 Min.

Kennen Sie die Popmusiker und ihre Songs?

1. Beach Boys
2. Bill Haley
3. Bob Dylan
4. Fifth Dimension
5. Ike and Tina Turner
6. Jimi Hendrix
7. Procol Harum
8. Simon and Garfunkel
9. The Beatles
10. The Who

A. »All Along the Watchtower«
B. »Aquarius«
C. »A Whiter Shade of Pale«
D. »Bridge over Troubled Water«
E. »Good Vibrations«
F. »My Generation«
G. »River Deep, Mountain High«
H. »Rock Around the Clock«
I. »The House of the Rising Sun«
J. »Yesterday«

☐ A bis 3 Antworten ☐ B bis 6 Antworten
☐ C über 6 Antworten Zeitwertung: 5 Min.

Streifzug durch Oper, Operette, Musical

(Höchstpunktzahl: 77)

Kennen Sie die Opern und ihre Komponisten?

1. »Auferstehung«
2. »Der Bajazzo«
3. »Der Barbier von Bagdad«
4. »Carmen«
5. »Doktor und Apotheker«
6. »Ein Sommernachtstraum«
7. »Der Freischütz«
8. »Fürst Igor«
9. »Die heimliche Ehe«
10. »Hero und Leander«
11. »Die Hochzeit des Figaro«
12. »Die Hugenotten«
13. »Julius Cäsar«
14. »Der junge Lord«
15. »Die lustigen Weiber von Windsor«
16. »Die Macht des Schicksals«
17. »Mathis der Maler«
18. »Moses und Aron«
19. »Norma«
20. »Pique Dame«
21. »Porgy und Bess«
22. »Der Postillon von Lonjumeau«
23. »Die Regimentstochter«
24. »Schneider Wibbel«
25. »Tristan und Isolde«
26. »Turandot«
27. »Die verkaufte Braut«
28. »Die Versuchung«
29. »Die vier Grobiane«
30. »Der Waffenschmied«
31. »Die weiße Dame«
32. »Wozzeck«

Kennen Sie die Opern und ihre Komponisten?

A1. Adolphe Charles Adam
A2. Alban Berg
A3. Albert Lortzing
A4. Alexander Borodin
A5. Arnold Schönberg
B1. Benjamin Britten
C1. Carl Ditters von Dittersdorf
C2. Carl Maria von Weber
D1. Domenico Cimarosa
E1. Ermanno Wolf-Ferrari
F1. François Adrien Boieldien
F2. Friedrich Smetana
G1. Gaetano Donizetti
G2. Georges Bizet
G3. George Gershwin
G4. Georg Friedrich Händel
G5. Giacomo Meyerbeer
G6. Giacomo Puccini
G7. Giuseppe Verdi
G8. Günter Bialas
H1. Hans Werner Henze
I1. Ján Cikker
I2. Josef Tal
J1. Mark Lothar
K1. Otto Nicolai
L1. Paul Hindemith
L2. Peter Cornelius
L3. Peter Tschaikowski
M1. Richard Wagner
M2. Ruggiero Leoncavallo
N1. Vinzenzo Bellini
O1. Wolfgang Amadeus Mozart

☐ A bis 10 Antworten ☐ B bis 20 Antworten
☐ C über 20 Antworten Zeitwertung: 15 Min.

Eine Oper ist nicht von Albert Lortzing. Welche?

»Die beiden Schützen«
»Caramo« oder »Das Fischerstechen«
»Casanova«
»Zum Großadmiral«
»Hans Sachs«
»Rolands Knappen« oder »Das ersehnte Glück«
»Die Schatzkammer des Inka«
»Undine«
»Die vier Grobiane«
»Die vornehmen Dilettanten« oder »Die Opernprobe«
»Der Waffenschmied«
»Zar und Zimmermann«

*

Welche Oper stammt nicht von Giuseppe Verdi?

»Don Carlos«
»Falstaff«
»Die Lombarden«
»Lucia di Lammermoor«
»Macbeth«
»Die Macht des Schicksals«
»Ein Maskenball«
»Nabucco«
»Othello«
»Rigoletto«
»Die Sizilianische Vesper«
»Der Troubadour«

☐ A bis 10 Min. ☐ B bis 20 Min. ☐ C über 20 Min.

Welche zwei Opern hat Georg Friedrich Händel nicht geschrieben?

»Admetos«	»Alexander«
»Ariodante«	»Deidamia«
»Eugen Onegin«	»Julius Cäsar«
»Orlando«	»Otto und Theophano«
»Der Prophet«	»Rinaldo«
»Tamerlan«	»Xerxes«

*

Franz Lehár und seine Operetten
Welche zwei gehören nicht dazu?

»Friederike«	»Der Göttergatte«
»Gräfin Mariza«	»Der Graf von Luxemburg«
»Das Land des Lächelns«	»Wo die Lerche singt«
»Die lustige Witwe«	»Die schöne Galathee«
»Schön ist die Welt«	»Wiener Frauen«
»Der Zarewitsch«	»Zigeunerliebe«

*

Welches sind die beiden Opern, die Richard Wagner nicht komponiert hat?

»Der Fliegende Holländer«	»Götterdämmerung«
»Lohengrin«	»Die Meistersinger von Nürnberg«
»Parsifal«	»Das Rheingold«
»Der Ring des Nibelungen«	»Siegfried«
»Der Tod in Venedig«	»Tristan und Isolde«
»Turandot«	»Die Walküre«

☐ A bis 10 Min. ☐ B bis 20 Min. ☐ C über 20 Min.

Kennen Sie die Schauplätze der Opern und Operetten?

1. auf Baranskis Gut Krasnowola in Galizien
2. auf der Dachterrasse bei Filipetos Tante Marina
3. Dorfplatz von Mantalto in Kalabrien
4. im Garten der Gräfin Nowalska in Krakau
5. Grabgewölbe unter dem Tempel des Ptah
6. Hafen von Saardam
7. am Hafen gelegenes Negerviertel von Charleston
8. Haus des japanischen Polizeipräfekten
9. im Hause Norinas
10. im Hause des Stadthauptmanns
11. Hazienda am Rio Negro
12. Hof eines Staatsgefängnisses bei Sevilla
13. vor dem Jupiter-Tempel in Sparta
14. Kabarett »Orpheum« in Budapest
15. vor der Kirche Santa Maria Novella
16. in der kurfürstlichen Sommerresidenz
17. Palais Lichtenfels in Wien
18. im Palais des Prinzen Orlofsky
19. auf der Plattform der Engelsburg
20. Platz vor dem Gasthof »Zum Blauen Ochsen«
21. Platz vor der Stadtwache und einer Zigarettenfabrik
22. auf dem Mond
23. Salon der Baronin Grünwiesel
24. Salon bei Duménil
25. auf einem Schiff von Triest nach Venedig
26. in der Stadt Titipu
27. Straße vor Mariens Wohnung
28. am Ufer der Schelde bei Antwerpen
29. in der Villa de Weert in Holland
30. Vorhof eines Gasthauses in Terracina

Kennen Sie die Schauplätze der Opern und Operetten?

A1. »Aida«
B1. »Der Bajazzo«
B2. »Der Bettelstudent«
B3. »Boccaccio«
C1. »Carmen«
C2. »Die Csárdásfürstin«
D1. »Don Pasquale«
E1. »Fidelio«
E2. »Die Fledermaus«
E3. »Fra Diavolo«
E4. »Frau Luna«
F1. »Die Geisha«
G1. »Der junge Lord«
H1. »Das Land des Lächelns«
H2. »Lohengrin«
I1. »Maske in Blau«
I2. »Der Mikado«
J1. »Der Opernball«
K1. »Polenblut«
K2. »Porgy und Bess«
L1. »Der Revisor«
M1. »Die schöne Helena«
M2. »Schwarzwaldmädel«
N1. »Der Tod in Venedig«
N2. »Tosca«
O1. »Der Vetter aus Dingsda«
O2. »Die vier Grobiane«
O3. »Der Vogelhändler«
P1. »Wozzeck«
Q1. »Zar und Zimmermann«

☐ A bis 10 Antworten
☐ B bis 20 Antworten
☐ C über 20 Antworten

Zeitwertung: 15 Min.

Wie heißt diese romantische Oper von Richard Wagner?

- ☐ A bis 1 Min.
- ☐ B bis 3 Min.
- ☐ C über 3 Min.

Diese Buchstaben verbergen eine Oper von Giuseppe Verdi. Welche?

- ☐ A bis 1 Min.
- ☐ B bis 3 Min.
- ☐ C über 3 Min.

Wie heißt die komische Oper, auf die diese Kurzbeschreibung paßt? Wer hat sie komponiert?

Italien, um 1830.
Ein unter dem Namen Marquis de San Marco auftretender Räuberhauptmann macht mit seiner Bande die Gegend von Terracina unsicher.
Lord Cookburn, ein reisender Engländer, und Lady Pamella, seine Gemahlin, treffen ausgeplündert im Wirtshaus des Gastwirts Matteo ein.
Der Lord bietet eine hohe Belohnung für den geraubten Schmuck seiner Gemahlin an.
Lorenzo, ein Dragoneroffizier, nach Terracina abkommandiert, um der Räuberbande das Handwerk zu legen... Mit der Belohnung käme er ans Ziel seiner Wünsche. Er möchte Zerline, die Tochter Matteos, heiraten.
Matteo will seine Tochter lieber mit einem reichen Bauern verheiraten.
Zerline träumt nur vom Liebesglück mit Lorenzo.
Niemand vermutet in dem galanten Marquis de San Marco den gefürchteten Räuber.
Der untreuen Lady Pamella und Zerline gegenüber gibt er sich als liebenswürdiger Don Juan.
In einer wildromantischen Gebirgslandschaft erscheint der Räuberhauptmann in seiner wahren Gestalt, als Bruder Teufel, mit schwarzem Wams und wehendem Federbusch; er spottet der Gefahr.
Giacomo und Beppo, seine beiden Gefährten, verraten ihn an Lorenzo. Er hat ausgespielt.
Lord Cookburn versöhnt sich mit Lady Pamella.
Lorenzo bekommt seine geliebte Zerline.

- ☐ A bis 15 Min.
- ☐ B bis 30 Min.
- ☐ C über 30 Min.

Welche Oper ist in dieser Kurzbeschreibung versteckt? Wer hat sie komponiert?

Spanien, 18. Jahrhundert.
Florestan, spanischer Edelmann, ist Gefangener im Staatsgefängnis bei Sevilla, mit schweren Haftbedingungen.
Leonore, seine Gemahlin, tritt in Männerkleidung und unter falschem Namen in den Dienst des Kerkermeisters, um etwas über das Schicksal ihres Mannes zu erfahren.
Marzelline, Roccos Tochter, hat sich in den vermeintlichen jungen Mann verliebt.
Rocco, der Kerkermeister, schenkt Leonore sein Vertrauen und seine Sympathie; er wird von Pizarro vergeblich zum Mord angestiftet.
Jaquino, der Gefängnispförtner, ist an Marzelline versprochen.
Don Fernando, der Staatsminister, hat eine Inspektion des Gefängnisses angekündigt.
Gouverneur Don Pizarro will seinen Feind Florestan beseitigen, den er widerrechtlich ins Gefängnis gebracht hat. Leonore steigt mit Rocco in das unterirdische Verlies des Gefängnisses hinab; ein Grab ist ausgehoben, und Pizarro will Florestan töten. Leonore stellt sich schützend dazwischen und verhindert den Mord.
Ein Trompetensignal verkündet die Ankunft des Ministers. Florestan und Leonore umarmen sich glücklich.
Sieg der Gattenliebe und Gattentreue.
Pizarro wird seiner gerechten Strafe zugeführt.

☐ A bis 10 Min. ☐ B bis 20 Min. ☐ C über 20 Min.

Welche zwei sind keine Opern?

»Ariane und Mirandolina«
»Carmen«
»Doktor und Apotheker«
»Don Quichotte«
»Der Bajazzo«
»Der Freischütz«
»Der Waffenschmied«
»Die heimliche Ehe«
»Die schöne Helena«
»Die verkaufte Braut«
»Die vier Grobiane«
»Die Zauberflöte«
»Fra Diavolo«
»Hero und Leander«
»Kabale und Liebe«
»Mathis der Maler«
»Orpheus und Eurydike«
»Porgy und Bess«
»Samson und Dalila«
»Tristan und Isolde«
»Boris Godunow«
»Clivia«
»Don Pasquale«
»Das schlaue Füchslein«
»Der Barbier von Sevilla«
»Der fröhliche Sünder«
»Der Wasserträger«
»Die Heirat wider Willen«
»Die Schule der Frauen«
»Die Versuchung«
»Die weiße Dame«
»Eugen Onegin«
»Fürst Igor«
»Herzog Blaubarts Burg«
»Lohengrin«
»Norma«
»Peter Grimes«
»Rosamunde Floris«
»Schneider Wibbel«
»Wozzeck«

☐ A bis 15 Min. ☐ B bis 30 Min. ☐ C über 30 Min.

Wer kennt die Oper »Der Wildschütz« von Albert Lortzing?

1. Wie heißt der Haushofmeister des Grafen?
- ☐ A Bonifatius
- ☐ B Servatius
- ☐ C Pankratius

2. Was feiern der alte Dorfschulmeister und das junge Gretchen?
- ☐ A Geburtstag
- ☐ B Verlobung
- ☐ C Hochzeit

3. Das Schreiben des Grafen enthält . . . ?
- ☐ A die Kündigung des Dorfschulmeisters
- ☐ B Glückwünsche für den Dorfschulmeister
- ☐ C die Beförderung des Dorfschulmeisters

4. Welcher Tat hat sich Baculus schuldig gemacht?
- ☐ A der Brandstiftung
- ☐ B der Wilddieberei
- ☐ C des Kindermordes

5. Auf den Grafen von Eberbach paßt welche Bezeichnung?
- ☐ A Frauenfeind
- ☐ B Einsiedler
- ☐ C Schürzenjäger

6. Wer sind die beiden verkleideten angeblichen Studenten?
- ☐ A Baronin Freimann und ihre Zofe
- ☐ B Gräfin von Eberbach und ihre Zofe
- ☐ C Baron Kronthal und sein Diener

7. Zu welchem Fest lädt Graf von Eberbach die Bürger ein?
- ☐ A zu einem Hochzeitsfest
- ☐ B zu seinem Geburtstagsfest
- ☐ C zu einem Weinfest

8. Welche literarischen Werke liest die Gräfin von Eberbach der Dienerschaft vor?

- ☐ A antike Gedichte
- ☐ B antike Dramen
- ☐ C antike Mythen

9. Wer gibt sich, von der Gräfin unerkannt, als Stallmeister aus und macht ihr den Hof?

- ☐ A Baculus
- ☐ B Pankratius
- ☐ C Baron Kronthal

10. Wann erreicht die Verkleidungskomödie ihren Höhepunkt?

- ☐ A bei einer Billardpartie
- ☐ B bei einer Treibjagd
- ☐ C bei einer Hochzeit

11. Die zahlreichen Verwechslungen hat verursacht . . . ?

- ☐ A Nanette, das Kammermädchen der Baronin Freimann
- ☐ B das Auftreten von mehreren Personen als Gretchen
- ☐ C die Schulkinder, die das Ganze eingefädelt haben

12. Wie haben die Verwirrungen zu einem guten Ende geführt?

- ☐ A Baculus darf das Schulmeisteramt behalten
- ☐ B Baculus nimmt Abschied vom Schulmeisteramt
- ☐ C Baculus wird zum Oberschulmeister ernannt

13. Welchen Grund hatte diese Entscheidung?

- ☐ A Baculus ist nicht der gesuchte Kindermörder
- ☐ B Baculus ist nicht der gesuchte Brandstifter
- ☐ C Baculus ist nicht der gesuchte Wildschütz

14. Und warum nicht?

- ☐ A er konnte keiner Fliege etwas zuleid tun
- ☐ B in der Dämmerung hat er seinen eigenen Esel erschossen
- ☐ C er konnte wegen seiner Sensibilität niemanden umbringen

Wer kennt die Personen, die in diesen Musikwerken vorkommen?

1. Operette »Viktoria und ihr Husar«
Wer ist Graf Ferry Hegedüs?

☐ A Viktorias Gemahl
☐ B Viktorias Bruder
☐ C Viktorias Verlobter

2. Oper »Der Postillon von Lonjumeau«
Wie heißt der Postillon mit dem Künstlernamen?

☐ A Saint-Labiche
☐ B Saint-Chateau
☐ C Saint-Phar

3. Oper »Fra Diavolo«
Wer ist Matteo?

☐ A der Gastwirt
☐ B der Dragoneroffizier
☐ C der Räuberhauptmann

4. Oper »Norma«
Wer hört auf den Namen Adalgisa?

☐ A eine Seherin
☐ B eine Kinderwärterin
☐ C eine Priesterin

5. Operette »Im Weißen Rössl«
Welchen Beruf übt Erich Siedler aus?

☐ A Wissenschaftler
☐ B Rechtsanwalt
☐ C Mediziner

6. Oper »Lulu«
Wer nennt sich Schigolch?
- ☐ A ein Greis
- ☐ B ein Athlet
- ☐ C ein Schriftsteller

7. Musical »Anatevka«
Der Buchhändler heißt?
- ☐ A Afrat
- ☐ B Awram
- ☐ C Auran

8. Oper »Fürst Igor«
Aus welcher Ehe stammt Igors Sohn, Wladimir Jaroslawitsch?
- ☐ A aus erster Ehe
- ☐ B aus zweiter Ehe
- ☐ C aus dritter Ehe

9. Oper »Peter Grimes«
Wie heißt der Apotheker?
- ☐ A Bob Boles
- ☐ B Horace Adams
- ☐ C Ned Keene

10. Operette »Clivia«
Aus welcher Stadt stammt Potterton?
- ☐ A Los Angeles
- ☐ B Chikago
- ☐ C New York

11. Musical »My Fair Lady«
Mit welchen Sprachen und Dialekten befaßt sich Oberst Pickering?
- ☐ A Japanisch
- ☐ B Arabisch
- ☐ C Indisch

Kennen Sie die Operetten und ihre Komponisten?

1.	»Der Bettelstudent«	A1.	Arthur Sullivan
2.	»Boccaccio«	B1.	Carl Millöcker
3.	»Clivia«	B2.	Carl Zeller
4.	»Die Csárdásfürstin«	C1.	Eduard Künneke
5.	»Eine Nacht in Venedig«	C2.	Emmerich Kálmán
6.	»Ein Walzertraum«	C2.	Emmerich Kálmán
7.	»Der fidele Bauer«	D1.	Franz Lehár
8.	»Die Fledermaus«	D1.	Franz Lehár
9.	»Frau Luna«	D1.	Franz Lehár
10.	»Die Geisha«	D1.	Franz Lehár
11.	»Der Graf von Luxemburg«	D2.	Franz von Suppé
12.	»Gräfin Mariza«	D2.	Franz von Suppé
13.	»Die keusche Susanne«	D3.	Florimond Hervé
14.	»Das Land des Lächelns«	D4.	Fred Raymond
15.	»Die lustige Witwe«	E1.	Jacques Offenbach
16.	»Madame Pompadour«	E1.	Jacques Offenbach
17.	»Maske in Blau«	E2.	Jean Gilbert
18.	»Der Mikado«	E3.	Johann Strauß
19.	»Der Opernball«	E3.	Johann Strauß
20.	»Orpheus in der Unterwelt«	E3.	Johann Strauß
21.	»Polenblut«	E3.	Johann Strauß
22.	»Das scheinheilige Fräulein«	F1.	Leo Fall
23.	»Die schöne Galathee«	F1.	Leo Fall
24.	»Die schöne Helena«	F2.	Léon Jessel
25.	»Schwarzwaldmädel«	G1.	Nico Dostal
26.	»Die ungarische Hochzeit«	G1.	Nico Dostal
27.	»Der Vetter aus Dingsda«	H1.	Oskar Nedbal
28.	»Viktoria und ihr Husar«	H2.	Oscar Straus
29.	»Der Vogelhändler«	I1.	Paul Abraham
30.	»Wiener Blut«	I2.	Paul Lincke
31.	»Der Zarewitsch«	J1.	Richard Heuberger
32.	»Der Zigeunerbaron«	K1.	Sidney Jones

☐ A bis 10 Antworten ☐ B bis 20 Antworten
☐ C über 20 Antworten Zeitwertung: 10 Min.

Welche Operette verbirgt sich hinter dieser Kurzbeschreibung? Wer hat sie komponiert?

Kurz nach dem Ersten Weltkrieg.
John Cunlight, amerikanischer Diplomat, Gesandter in Tokio, dann amerikanische Gesandtschaft in Petersburg, wird danach Gesandter in Budapest.
Eine Gräfin aus Ungarn, seine Frau, findet ihren ehemaligen Verlobten wieder.
Graf Ferry Hegedüs, deren Bruder,
O Lia San, Ferrys Braut,
Riquette, Kammerzofe der Gräfin.
Koltay, Husarenrittmeister und ehemaliger Verlobter der Gräfin, zuerst im Krieg verschollen und totgeglaubt, Flucht aus russischer Kriegsgefangenschaft, feiert in Tokio Wiedersehen mit der Gräfin.
Cunlight erkennt die Konfliktsituation und führt die Liebenden zusammen. Er ist bestrebt, dem Glück seiner Frau nicht im Weg zu stehen.
Jancsi, Bursche von Koltay,
Pörkölty, Bürgermeister im ungarischen Dorf Doroszma,
ein russischer Offizier,
ein japanischer Attaché,
ein japanischer Bonze,
Japanerinnen und Japaner,
Gäste, Diener, Zofen, Kulis, Kosaken, Husaren, Bauern und Bäuerinnen.

☐ A bis 15 Min. ☐ B bis 30 Min. ☐ C über 30 Min.

Ist Ihnen die Operette »Maske in Blau« von Fred Raymond ein Begriff?

1. Was schenkte die faszinierende Frau, genannt »Maske in Blau«, dem Maler zur Erinnerung?
☐ A ein Porzellanherz
☐ B einen Ring
☐ C ein Hufeisen

2. Wann wollte diese unbekannte Frau nach San Remo zurückkehren?
☐ A nach einer Woche
☐ B nach einem Monat
☐ C nach einem Jahr

3. Wie heißt der Maler, der das Bild gemalt hat?
☐ A Armando Cellini
☐ B Pedrillo Alvaro
☐ C Ernesto Anelli

4. Wer sind Juliska Varady, Seppl Fraunhofer und Franz Kilian?
☐ A Reisebekanntschaften von vergangenen Studienreisen
☐ B Malerkollegen und Studienfreunde von 3
☐ C Galeriebesitzer und Kunstmäzene

5. Welches Hobby hat Franz Kilian?
☐ A Segeln
☐ B Reiten
☐ C Angeln

6. Wer wollte das preisgekrönte Bild schnell kaufen?
☐ A Pedro dal Vegas
☐ B Federico da Ponta
☐ C Rodrigo de Coster

7. Was hat er mit der »Maske in Blau« vor?
- ☐ A er will sie nur verführen
- ☐ B er will sie schnell heiraten
- ☐ C er will sie umbringen

8. Wer verbirgt sich hinter dieser geheimnisvollen Frau, die sich im Atelier des Malers zu erkennen gibt?
- ☐ A die reiche Evelyne Varnay
- ☐ B die reiche Evelyne Valera
- ☐ C die reiche Evelyne Vespone

9. Welche Angaben zu ihrer Person macht diese?
- ☐ A Goldminenbesitzerin aus Argentinien
- ☐ B Reedereibesitzerin aus Argentinien
- ☐ C Plantagenbesitzerin aus Argentinien

10. An welchem Fluß liegt ihr Landbesitz?
- ☐ A am Rio Negro
- ☐ B am Paraná
- ☐ C am Rio Salado

11. Wie gelingt es Pedro dal Vegas, die Liebenden Evelyne und Armando zu trennen?
- ☐ A durch eine Entführung
- ☐ B durch einen Giftmord
- ☐ C durch eine Intrige

12. Als was entpuppt sich Pedro dal Vegas?
- ☐ A als argentinischer Abenteurer und Mitgiftjäger
- ☐ B als argentinischer Anarchist und Freiheitskämpfer
- ☐ C als argentinischer Maler und Herumtreiber

13. Welches Ereignis findet zum guten Schluß statt?
- ☐ A Armando findet sein Glück bei einer anderen
- ☐ B Evelyne und Armando feiern mit Juliska und Seppl Doppelhochzeit
- ☐ C Evelyne geht mit Pedro dal Vegas in die Heimat zurück

Lauter Operetten
Welche zwei gehören nicht dazu?

»Balkanliebe«
»Bruder Straubinger«
»Das Land des Lächelns«
»Der fidele Bauer«
»Der Mikado«
»Der Rosenkavalier«
»Der Vogelhändler«
»Der Zigeunerbaron«
»Die Csárdásfürstin«
»Die Försterchristel«
»Die goldne Meisterin«
»Die Königin von Saba«
»Die lustige Witwe«
»Die schöne Galathee«
»Die Zirkusprinzessin«
»Eine Nacht in Venedig«
»Frau Luna«
»Glückliche Reise«
»Gräfin Mariza«
»Leichte Kavallerie«
»Maske in Blau«
»Nächte in Schanghai«
»Polenblut«
»Schwarzwaldmädel«
»Viktoria und ihr Husar«
»Ball im Savoy«
»Boccaccio«
»Der Bettelstudent«
»Der letzte Walzer«
»Der Opernball«
»Der Vetter aus Dingsda«
»Der Zarewitsch«
»Die Blume von Hawaii«
»Die Fledermaus«
»Die Geisha«
»Die keusche Susanne«
»Die Landstreicher«
»Die Rose von Stambul«
»Die ungarische Hochzeit«
»Ein Liebestraum«
»Ein Walzertraum«
»Gasparone«
»Gräfin Dubarry«
»Hochzeit am Bodensee«
»Madame Pompadour«
»Monika«
»Orpheus in der Unterwelt«
»Saison in Salzburg«
»Trauminsel«
»Wiener Blut«

☐ A bis 15 Min. ☐ B bis 30 Min. ☐ C über 30 Min.

Kennen Sie sich in Musicals aus?
Auf welches paßt diese Kurzbeschreibung?

Zwei Halbstarken-Banden,
die einheimischen »Jets« und die zugewanderten puertoricanischen »Sharks«, liefern sich in den Slums von New York erbitterte Schlachten.
Zu den verfeindeten Banden gehören auch Tony und Maria. Die beiden jungen Leute verlieben sich ineinander – trotz aller Widerstände.
Liebe im Hinterhof-Milieu:
Tony, der auf der Seite der »Jets« steht, und Maria, deren Bruder Anführer der »Sharks« ist.
Zwischen den verfeindeten Banden kommt es immer wieder zu blutigen Auseinandersetzungen.
Die jungen Leute schrecken auch vor Morden nicht zurück.
Die Liebe von Tony und Maria endet tragisch.
Mit dem Musical, uraufgeführt 1957 in New York, wurde der wichtigste und kühnste Beitrag zur internationalen Musical-Szene geleistet.

☐ A bis 10 Min. ☐ B bis 20 Min. ☐ C über 20 Min.

Von der Vielfalt im Reich der Töne

(Höchstpunktzahl: 25)

Wissen Sie über diese Ballette und ihre Komponisten Bescheid?

1. »Ägyptische Nächte«	A. Hugo Alfvén
2. »Der Bergkönig«	B. Anton Arenski
3. »Bergkristall«	C. Béla Bartók
4. »Die Dame und das Einhorn«	D. Boris Blacher
5. »Der Doppelgänger«	E. Sylvano Bussotti
6. »Der Feuervogel«	F. Jacques Chailley
7. »Die Frau und ihr Schatten«	G. Gottfried von Einem
8. »Harlekins Reise auf den Blocksberg«	H. Manuel de Falla
	I. Wolfgang Fortner
9. »Der helle Bach«	J. Fritz Geißler
10. »Der holzgeschnitzte Prinz«	K. E.T.A. Hoffmann
11. »Die Kirmes von Delft«	L. Claudio Monteverdi
12. »Der Liebeszauber«	M. Amelcare Ponchielli
13. »Das Märchen von der steinernen Blume«	N. Sergej Sergejewitsch Prokofjew
14. »Der Mohr von Venedig«	O. Aribert Reimann
15. »Der Nußknacker«	P. Hermann Reutter
16. »Prinzessin Turandot«	Q. Dimitri Schostakowitsch
17. »Tanz der Spröden«	R. Igor Strawinsky
18. »Der Tanz der Stunden«	S. Peter Tschaikowski
19. »Die Vogelscheuchen«	T. Alexander Tscherepnin
20. »Die weiße Rose«	

☐ A bis 6 Antworten ☐ B bis 12 Antworten
☐ C über 12 Antworten Zeitwertung: 10 Min.

Sind Sie ein Kenner der Oratorien und ihrer Komponisten?

1. »Das Unaufhörliche«
2. »Dein Reich komme«
3. »Der große Kalender«
4. »Der Tag des Gerichts«
5. »Der Traum des Gerontius«
6. »Der weiße Reiter«
7. »Der Zaubertrank«
8. »Die Schöpfung«
9. »Fausts Verdammung«
10. »Gegen den Krieg«
11. »Johanna auf dem Scheiterhaufen«
12. »Legende von der heiligen Elisabeth«
13. »Segen der Erde«
14. »Triumph der Zeit und der Weisheit«

A. Hector Berlioz
B. Fritz Büchtger
C. Johannes Drießler
D. Hanns Eisler
E. Edward Elgar
F. Georg Friedrich Händel
G. Joseph Haydn
H. Paul Hindemith
I. Arthur Honegger
J. Franz Liszt
K. Mark Lothar
L. Frank Martin
M. Hermann Reutter
N. Georg Philipp Telemann

☐ A bis 4 Antworten
☐ B bis 10 Antworten
☐ C bis 14 Antworten

Zeitwertung: 10 Min.

Wer kennt diese Lieder, Schlager und deren Komponisten?

1. »Am Brunnen vor dem Tore«
2. »An der schönen blauen Donau«
3. »Auf der Heide blühn die letzten Rosen«
4. »Das Herz ist nur ein Uhrwerk«
5. »Die ganze Welt ist himmelblau«
6. »Ich hab mein Herz in Heidelberg verloren«
7. »Ich tanze mit dir in den Himmel hinein«
8. »In der Nacht, wenn die Liebe erwacht«
9. »In einer kleinen Konditorei«
10. »Ja, das haben die Mädchen so gerne«
11. »Küssen ist keine Sünd'«
12. »La Cucaracha«
13. »Lady Be Good«
14. »Leise erklingen Glocken vom Campanile«
15. »Man müßte Klavier spielen können«
16. »Mein Liebeslied muß ein Walzer sein«
17. »Milord«
18. »Mon Legionnaire«
19. »O mein Papa«
20. »Schenk mir doch ein kleines bißchen Liebe«
21. »Schlösser, die im Monde liegen«
22. »The Man I Love«
23. »There's no Business like Show Business«
24. »True Love«
25. »Warum soll eine Frau kein Verhältnis haben«
26. »Wenn auch die Jahre enteilen«
27. »White Christmas«
28. »You Do Something To Me«

Wer kennt diese Lieder, Schlager und deren Komponisten?

A. Irving Berlin
A. Irving Berlin
B. Paul Burkhard
C. Carlos Chavez
D. Edmund Eysler
E. George Gershwin
E. George Gershwin
F. Jean Gilbert
F. Jean Gilbert
G. Rudolf Kattnigg
H. Paul Lincke
H. Paul Lincke
H. Paul Lincke
I. Marguerite Monnot
I. Marguerite Monnot
J. Cole Porter
J. Cole Porter
K. Fred Raymond
K. Fred Raymond
L. Friedrich Schröder
L. Friedrich Schröder
M. Franz Schubert
N. Robert Stolz
N. Robert Stolz
N. Robert Stolz
O. Oscar Straus
P. Johann Strauß Sohn
Q. Carl Michael Ziehrer

☐ A bis 10 Antworten
☐ B bis 20 Antworten
☐ C über 20 Antworten
Zeitwertung: 5 Min.

Wie heißt das beliebte Musikstück, das sich hinter diesen Buchstaben verbirgt?

- ☐ A bis 2 Min.
- ☐ B bis 5 Min.
- ☐ C über 5 Min.

Wer ist dieser deutsche Komponist, Bandleader und Erfinder des Party-Sounds? Aus diesen Buchstaben ergibt sich sein Name.

- ☐ A bis 1 Min.
- ☐ B bis 3 Min.
- ☐ C über 3 Min.

Wer ist über Militärmusik informiert?

1. Die Militärmusik dient der psychologischen Kriegsführung. Stimmt das?
- ☐ A nein
- ☐ B ja
- ☐ C keine Antwort

2. Welche Instrumente benutzten in früherer Zeit die Krieger Europas?
- ☐ A Dudelsack und Pauke
- ☐ B Tamburin und Drehleier
- ☐ C Trompeten und Hörner

3. Der Marsch der Infanterie wurde begleitet von . . . ?
- ☐ A Pfeife und Trommel
- ☐ B Trompete und Trommel
- ☐ C Flöte und Trommel

4. Doch welche Instrumente ertönten bei der Kavallerie?
- ☐ A Pauken und Trommeln
- ☐ B Trompeten und Hörner
- ☐ C Kornette und Becken

5. Wie nannte man die Querpfeife im 16. Jahrhundert?
- ☐ A Schwedenflöte
- ☐ B Schrotflöte
- ☐ C Schweizerflöte

6. Welches Instrument verdrängte im 17. Jahrhundert die Querpfeife?
- ☐ A die Klarinette
- ☐ B die Oboe
- ☐ C die Querflöte

7. Der Komponist Carl Philipp Emanuel Bach schrieb Militärmusik. Stimmt das?
- ☐ A ja
- ☐ B keine Antwort
- ☐ C nein

8. Welche Musikrichtung kam auf?
- ☐ A die Jazzmusik
- ☐ B die Schrammelmusik
- ☐ C die Marschmusik

9. Auf welchen Veranstaltungen fand diese Musik großes Interesse?
- ☐ A bei kirchlichen Zeremonien
- ☐ B auf Konzerten der Zivilisten
- ☐ C bei demonstrativen Schweigemärschen

10. Welche Erfindung ermöglichte eine dem einfachen Signalgeben überlegene Blasmusik?
- ☐ A die Erfindung der Ventile
- ☐ B eine Verbesserung des Mundstücks
- ☐ C eine Veränderung der Rohrlänge

Lösungsteil

Die richtigen Antworten:

Die technische Faszination der Musik

Seite 10 (1 Punkt für jede richtige Antwort)
1A – 2C – 3B – 4C – 5B – 6C
Seiten 11 + 12 (1 Punkt für jede richtige Antwort)
1C – 2A – 3B – 4A – 5C – 6B – 7A – 8C – 9B – 10C – 11A
Seite 13 (A = 3 Punkte; B = 2 Punkte; C = 1 Punkt)
Tonelada
Seiten 14 + 15 (1 Punkt für jede richtige Antwort)
1/A3 – 2/F3 – 3/C1 – 4/E2 – 5/B2 – 6/D2 – 7/E1 – 8/B1 – 9/A2 – 10/A2 – 11/C3 – 12/D1 – 13/E3 – 14/F2 – 15/D3 – 16/B3 – 17/C2 – 18/F1 – 19/A2 – 20/A1
Seiten 16 + 17 (1 Punkt für jede richtige Antwort)
1A – 2C – 3B – 4C – 5A – 6B – 7C – 8A – 9B

Instrumentenkunde für Musikfreunde

Seiten 18 + 19 (1 Punkt für jede richtige Antwort)
1B –2C – 3B – 4A – 5C – 6B – 7A – 8C – 9B – 10A – 11C – 12B
Seiten 20 + 21 (1 Punkt für jede richtige Antwort)
1C – 2B – 3A – 4C – 5A – 6B – 7C – 8B – 9A
Seiten 22 + 23 (1 Punkt für jede richtige Antwort)
1A – 2C – 3B – 4A – 5B – 6C – 7A – 8C – 9B – 10C – 11A – 12B
Seiten 24 + 25 (1 Punkt für jede richtige Antwort)
1B – 2C – 3B – 4A – 5B – 6C – 7A – 8B – 9C – 10A – 11C
Seite 26
Kithara (A = 3 Punkte; B = 2 Punkte; C = 1 Punkt)
Teil 7 (A = 3 Punkte; B = 2 Punkte; C = 1 Punkt)

Seite 27 (1 Punkt für jede richtige Antwort)
1A – 2C – 3B – 4C – 5A – 6B
Seiten 28 + 29 (1 Punkt für jede richtige Antwort)
1C – 2B – 3A – 4C – 5B – 6A – 7C – 8B – 9A – 10B – 11C – 12B – 13A
Seite 30 (A = 1 Punkt; B = 2 Punkte; C = 3 Punkte)
1. Schnecke einer Geige – 2. Tamburin – 3. Teil eines Waldhorns – 4. Kithara
Seiten 31 + 32 (1 Punkt für jede richtige Antwort)
1B – 2C – 3A – 4B – 5C – 6A – 7B – 8A – 9C – 10B – 11A – 12C
Seite 33 (A = 3 Punkte; B = 2 Punkte; C = 1 Punkt)
E und F sind zwei gleiche Trompeten.
Seiten 34 + 35 (1 Punkt für jede richtige Antwort)
1C – 2A – 3B – 4C – 5A – 6B – 7C – 8A – 9B – 10C – 11A – 12B
Seiten 36 + 37 (1 Punkt für jede richtige Antwort)
1A – 2B – 3C – 4A – 5C – 6B – 7A – 8C – 9B – 10A
Seiten 38 + 39 (1 Punkt für jede richtige Antwort)
1A – 2B – 3A – 4C – 5B – 6C – 7A – 8B – 9C – 10B – 11A
Seite 40 (1 Punkt für jede richtige Antwort)
1A – 2C – 3B – 4A – 5C – 6B

Musiktheoretische Kostproben

Seiten 41 + 42 (1 Punkt für jede richtige Antwort)
1A – 2C – 3B – 4C – 5B – 6A – 7B – 8C – 9B – 10A – 11C
Seite 43 (A = 3 Punkte; B = 2 Punkte; C = 1 Punkt)
Notenreihen 3 und 9
Seite 44 (1 Punkt für jede richtige Antwort)
1C – 2B – 3A – 4B – 5C – 6A – 7B
Seite 45 (A = 3 Punkte; B = 2 Punkte; C = 1 Punkt)
Carl Zeller, Heinrich Sutermeister, Posaune, Andy Warhol
Seiten 46 + 47 (1 Punkt für jede richtige Antwort)
1A – 2C – 3B – 4B – 5A – 6C – 7B – 8A – 9A – 10C – 11B – 12C – 13A – 14B
Seite 48 (A = 3 Punkte; B = 2 Punkte; C = 1 Punkt)
Kunst der Musen

Daten und Fakten aus der Musikgeschichte

Seiten 49 + 50 (1 Punkt für jede richtige Antwort)
1A – 2C – 3B – 4C – 5A – 6B – 7C – 8B – 9A
Seite 51 (1 Punkt für jede richtige Antwort)
1C – 2B – 3A – 4B – 5C
Seiten 52 + 53 (1 Punkt für jede richtige Antwort)
1B – 2C – 3A – 4B – 5C – 6A – 7C – 8B – 9A – 10B
Seiten 54 + 55 (1 Punkt für jede richtige Antwort)
1A – 2C – 3B – 4C – 5A – 6B – 7C – 8A – 9B – 10C
Seiten 56 + 57 (1 Punkt für jede richtige Antwort)
1C – 2B – 3C – 4A – 5A – 6B – 7C – 8A – 9B – 10C
Seite 58 (1 Punkt für jede richtige Antwort)
1B – 2C – 3A – 4C
Seiten 59 + 60 (1 Punkt für jede richtige Antwort)
1B – 2A – 3C – 4B – 5A – 6C – 7A – 8B – 9C
Seiten 61 + 62 (1 Punkt für jede richtige Antwort)
1A – 2C – 3A – 4B – 5C – 6B – 7A – 8C – 9C – 10A – 11B – 12A – 13C – 14B – 15B – 16A – 17C – 18B – 19C – 20A
Seiten 63 + 64 (1 Punkt für jede richtige Antwort)
1B – 2A – 3C – 4B – 5A – 6B – 7C – 8A – 9B
Seiten 65 + 66 (1 Punkt für jede richtige Antwort)
1C – 2B – 3A – 4B – 5C – 6B – 7C – 8A – 9B – 10A – 11B

Aus der Welt der Solisten und Orchester

Seite 67 (1 Punkt für jede richtige Antwort)
1B – 2A – 3C – 4A – 5C – 6B
Seiten 68 + 69 (1 Punkt für jede richtige Antwort)
1A – 2B – 3C – 4A – 5B – 6A – 7B – 8C – 9A – 10C – 11A – 12B
Seite 70
Count Basie (A = 3 Punkte; B = 2 Punkte; C = 1 Punkt)
Lampenfieber (A = 3 Punkte; B = 2 Punkte; C = 1 Punkt)
Seite 71 (A = 3 Punkte; B = 2 Punkte; C = 1 Punkt)
Nummer 3
Seiten 72 + 73 (A = 1 Punkt; B = 2 Punkte; C = 3 Punkte)
1/C1 – 2/D1 – 3/A2 – 4/E2 – 5/E1 – 6/L1 – 7/A3 – 8/G1 – 9/L2 – 10/A9 – 11/F1 – 12/I1 – 13/A4 – 14/A6 – 15/A5 – 16/A7 – 17/E3 –

18/A10 – 19/K1 – 20/J1 – 21/A1 – 22/H1 – 23/B1 – 24/J1 – 25/L3 – 26/I2 – 27/G2 – 28/N1 – 29/M1 – 30/A8

Seite 74 (A = 3 Punkte; B = 2 Punkte; C = 1 Punkt)
Coleman Hawkins

Komponisten und Interpreten

Seite 75 (A = 3 Punkte; B = 2 Punkte; C = 1 Punkt)
Franz Schubert

Seiten 76 + 77 (1 Punkt für jede richtige Antwort)
1A – 2B – 3B – 4C – 5B – 6C – 7A – 8B – 9A – 10A – 11B

Seiten 78 + 79 (1 Punkt für jede richtige Antwort)
1B – 2A – 3B – 4A – 5C – 6B – 7C – 8B – 9A – 10C – 11B

Seiten 80 + 81 (1 Punkt für jede richtige Antwort)
1/B1 – 2/B2 – 3/T1 – 4/K1 – 5/X1 – 6/A1 – 7/F1 – 8/E1 – 9/V1 – 10/S1 – 11/O1 – 12/Z1 – 13/W1 – 14/G1 – 15/H2 – 16/J1 – 17/M1 – 18/Q1 – 19/D1 – 20/Y1 – 21/H1 – 22/P1 – 23/F2 – 24/C1 – 25/N1 – 26/C2 – 27/J2 – 28/L1 – 29/A2 – 30/I1 – 31/X2 – 32/U1 – 33/V2 – 34/R1

Seiten 82 + 83 (1 Punkt für jede richtige Antwort)
1A – 2B – 3A – 4B – 5C – 6A – 7B – 8A – 9C – 10B – 11A – 12B – 13C

Seite 84 (A = 3 Punkte; B = 2 Punkte; C = 1 Punkt)
Alberto Ginastera, Orlando di Lasso

Seite 85
Nummer 3 (A = 3 Punkte; B = 2 Punkte; C = 1 Punkt)
Max Reger (A = 3 Punkte; B = 2 Punkte; C = 1 Punkt)

Seiten 86 + 87 (A = 1 Punkt; B = 2 Punkte; C = 3 Punkte)
1R – 2H – 3K – 4A – 5V – 6D – 7N – 8Q – 9O – 10L – 11G – 12I – 13F – 14W – 15J – 16M – 17B – 18C – 19A – 20U – 21T – 22S – 23E – 24C – 25P

Seiten 88 + 89 (1 Punkt für jede richtige Antwort)
1B – 2A – 3B – 4C – 5A – 6B – 7C – 8A – 9C – 10A – 11B – 12C

Seite 90 (A = 3 Punkte; B = 2 Punkte; C = 1 Punkt)
Im Kasten 5

Seite 91 (A = 1 Punkt; B = 2 Punkte; C = 3 Punkte)
1E – 2H – 3I – 4B – 5G – 6A – 7C – 8D – 9J – 10F

Streifzug durch Oper, Operette, Musical

Seiten 92 + 93 (A = 1 Punkt; B = 2 Punkte; C = 3 Punkte)
1/I1 – 2/M2 – 3/L2 – 4/G2 – 5/C1 – 6/B1 – 7/C2 – 8/A4 – 9/D1 – 10/G8 – 11/O1 – 12/G5 – 13/G4 – 14/H1 – 15/K1 – 16/G7 – 17/L1 – 18/A5 – 19/N1 – 20/L3 – 21/G3 – 22/A1 – 23/G1 – 24/J1 – 25/M1 – 26/G6 – 27/F2 – 28/I2 – 29/E1 – 30/A3 – 31/F1 – 32/A2
Seite 94 (A = 3 Punkte; B = 2 Punkte; C = 1 Punkt)
»Die vier Grobiane«, »Lucia di Lammermoor«
Seite 95 (A = 3 Punkte; B = 2 Punkte; C = 1 Punkt)
»Eugen Onegin«, »Der Prophet«, »Gräfin Mariza«, »Die schöne Galathee«, »Der Tod in Venedig«, »Turandot«
Seiten 96 + 97 (A = 1 Punkt; B = 2 Punkte; C = 3 Punkte)
1/K1 – 2/O2 – 3/B1 – 4/B2 – 5/A1 – 6/Q1 – 7/K2 – 8/F1 – 9/D1 – 10/L1 – 11/I1 – 12/E1 – 13/M1 – 14/C2 – 15/B3 – 16/O3 – 17/H1 – 18/E2 – 19/N2 – 20/M2 – 21/C1 – 22/E4 – 23/G1 – 24/J1 – 25/N1 – 26/I2 – 27/P1 – 28/H2 – 29/O1 – 30/E3
Seite 98
»Tannhäuser« (A = 3 Punkte; B = 2 Punkte; C = 1 Punkt)
»La Traviata« (A = 3 Punkte; B = 2 Punkte; C = 1 Punkt)
Seite 99 (A = 3 Punkte; B = 2 Punkte; C = 1 Punkt)
»Fra Diavolo« von Daniel François Esprit Auber
Seite 100 (A = 3 Punkte; B = 2 Punkte; C = 1 Punkt)
»Fidelio« von Ludwig van Beethoven
Seite 101 (A = 3 Punkte; B = 2 Punkte; C = 1 Punkt)
»Clivia«, »Die schöne Helena«
Seiten 102 + 103 (1 Punkt für jede richtige Antwort)
1C – 2B – 3A – 4B – 5C – 6A – 7B – 8B – 9C – 10A – 11B – 12A – 13C – 14B
Seiten 104 + 105 (1 Punkt für jede richtige Antwort)
1B – 2C – 3A – 4C – 5B – 6A – 7B – 8A – 9C – 10B – 11C
Seite 106 (A = 1 Punkt; B = 2 Punkte; C = 3 Punkte)
1/B1 – 2/D2 – 3/G1 – 4/C2 – 5/E3 – 6/H2 – 7/F1 – 8/E3 – 9/I2 – 10/K1 – 11/D1 – 12/C2 – 13/E2 – 14/D1 – 15/D1 – 16/F1 – 17/D4 – 18/A1 – 19/J1 – 20/E1 – 21/H1 – 22/D3 – 23/D2 – 24/E1 – 25/F2 – 26/G1 – 27/C1 – 28/I1 – 29/B2 – 30/E3 – 31/D1 – 32/E3
Seite 107 (A = 3 Punkte; B = 2 Punkte; C = 1 Punkt)
»Viktoria und ihr Husar« von Paul Abraham

Seiten 108 + 109 (1 Punkt für jede richtige Antwort)
1B – 2C – 3A – 4B – 5C – 6A – 7B – 8B – 9C – 10A – 11C – 12A – 13B
Seite 110 (A = 3 Punkte; B = 2 Punkte; C = 1 Punkt)
»Der Rosenkavalier«, »Die Königin von Saba«
Seite 111 (A = 3 Punkte; B = 2 Punkte; C = 1 Punkt)
»West Side Story«

Von der Vielfalt im Reich der Töne

Seite 112 (A = 1 Punkt; B = 2 Punkte; C = 3 Punkte)
1B – 2A – 3E – 4F – 5J – 6R – 7T – 8K – 9Q – 10C – 11P – 12H – 13N – 14D – 15S – 16C – 17L – 18M – 19O – 20I
Seite 113 (A = 1 Punkt; B = 2 Punkte; C = 3 Punkte)
1H – 2C – 3M – 4N – 5E – 6B – 7L – 8G – 9A – 10D – 11I – 12J – 13K – 14F
Seiten 114 + 115 (A = 1 Punkt; B = 2 Punkte; C = 3 Punkte)
1M – 2P – 3N – 4Q – 5N – 6K – 7L – 8F – 9K – 10F – 11D – 12C – 13E – 14G – 15L – 16N – 17I – 18I – 19B – 20H – 21H – 22E – 23A – 24J – 25O – 26H – 27A – 28J
Seite 116
Evergreen (A = 3 Punkte; B = 2 Punkte; C = 1 Punkt)
James Last (A = 3 Punkte; B = 2 Punkte; C = 1 Punkt)
Seiten 117 + 118 (1 Punkt für jede richtige Antwort)
1B – 2C – 3A – 4B – 5C – 6B – 7A – 8C – 9B – 10A

Test-Gesamtauswertung

0–175 Punkte

☐ Ihre Kenntnisse über die Musik sind eher spärlich. Hier macht etwas mehr Bildung sicher Spaß. Denn da Sie den Test durchgeführt haben, interessiert Sie dieses schöne Gebiet ja allem Anschein nach! Vielleicht haben Sie auch schon etwas dazugelernt. Schließlich steht nirgends geschrieben, daß man jeden Komponisten kennen muß, wenn man Musikwerke bewundern will.

Als Trostpflaster bekommen Sie die *Bronzemedaille* im Musikwissen.

176–339 Punkte

☐ Es ist wirklich schade, daß Sie die paar fehlenden Punkte zum perfekten Musikspezialisten nicht geschafft haben. Ihre musikalischen Interessen liegen wahrscheinlich auf einem anderen Fachgebiet. Gewiß haben wir Ihnen trotzdem nicht die Laune verdorben. Sie kennen sich ja in vieler Beziehung aus. Ihr Wissen hat immerhin Ernte getragen.

Zur Anerkennung erhalten Sie die *Silbermedaille* im Musikwissen.

340–550 Punkte

☐ Die Musik ist wohl Ihre stärkste Seite! Man hätte diesen Test unbedingt schwieriger machen müssen, wenn man von vornherein gewußt hätte, daß sich auch hochkarätige Musikexperten beteiligen. Hauptsache, es hat Spaß gemacht. Allen Siegern, die nicht hauptberuflich mit Musik beschäftigt sind, kann man zu ihrem Wissen nur herzlich gratulieren.

Als absoluter Testerster haben Sie die *Goldmedaille* im Musikwissen ehrlich verdient.

humboldt-taschenbücher

Künstlerisches Gestalten
Zeichnen (268)
Batik (369)
Malen (381)
Töpfern (384)
Trockenblumen (385)
Stoffmalerei (394)
Glasmalerei (402)
Aquarellmalerei (426)
Porzellan/Keramik bemal. (429)
Ölmalerei (450)
Künstl. Blumen (458)
Die schönsten Basteleien (464)
Emaillieren (489)
Salzteig modellieren (490)
Schöne Schriften (508)
Seidenmalerei (509)

Fotografieren/Filmen
Modern fotografieren (204)
Modern filmen (232)
Fotolexikon (308)
Filmen – Technik, Motive (330)
Fotomotive (346)
Fotolabor (389)
Fotokurs für Einsteiger (475)
Spaß mit Fototricks (478)
Pflanzen fotografieren (502)

Garten
Garten im Jahreslauf (202)
Unser Garten (254)
Rosen f. jed. Garten (347)
Balkon – Terrasse (350)
Obst und Gemüse im eigenen Garten (403)
Hydrokultur (413)
Gartenteich (448)
Die 100 schönst. Gartenbl. (470)
Freude am Biogarten (474)
Laubbäume + Ziersträucher (527)

Schach
Schach f. Anfänger (85)
Schach o. Partner (299)
Schachtaktik (363)
Eröffnungsspiele (386)
Schach ohne Partner für Könner (432)
Bauer im Schachspiel (433)
Schachcomputer (465)
Spaß mit Schach (479)

Kartenspiele
Kartenspiele (199)
Skat (248)
Bridge (273)
Patiencen (293)
Schafkopf/Doppelkopf (481)

Gesellschaftsspiele
Zaubertricks (164)
Spielen Sie mit (190)
Mit Zahlen spielen (237)
Brettspiele/Denkspiele (282)
Schreibspiele/Streichholzspiele (352)
200 Spiele (401)
Würfelspiele (412)
Zahlenspiele (443)
Domino (522)

Quiz
Frag mich – ich antworte (23)
Wer weiß es (68)
Frag mich was (79)
Frag noch was (83)
Frag weiter (90)
Kreuzworträtsel-Lexikon (91)
Quiz i. Wort u. Bild (174)
Rätsel, leicht gelöst (263)

Tests
Spaß mit Tests (195)
Teste Deine Intelligenz (225)
Trimm dich geistig fit! (520)

ht-sport für alle

Allgemein
Taschenbuch d. Sports (302)
Sportbegriffe von A – Z (324)

Fitness/Gymnastik/Yoga/Laufen
Yoga (82)
Gymnastik für alle (228)
Yoga + Gymnastik (333)
Lauf dich fit (382)
Radfahren (421)
Vital durch Gymnastik (495)
Fit durch Bodybuilding (528)

Ballsportarten
Volleyball (436)
Fußball (451)

Judo/Karate
Selbstverteidigung (178)
Judo/Karate/Taekwon-Do (372)
Judo für Jugendliche (391)
Judo – mein Freizeitsport (454)
Karate (493)

Sportschießen
Sportschießen (300)

Wassersport/Angeln
Segelsport (123)
Angeln und Fischen (206)
Tauchen mein Hobby (277)
Segelsurfen Anfänger (305)
Kanu (226)
Taschenlexikon Segelsport (349)
Segelsurfen für Fortgeschrittene (398)
Schwimmen (477)
Surfschein (499)
Segelführerschein A (500)

Skisport
Skilanglauf (241)
Skisport-Berater (242)
Ski aktuell (265)
Ski-Gymnastik (460)
Ski alpin (488)

Tennis/Squash
Tennis-Regeln (253)
Squash (360)
Tennis-Training (374)
Tennis: Schlagtechnik (420)

Reiten
Moderne Reitlehre (205)
Pferde u. Reiten (323)
Pferd f. Freizeit u. Sport (380)
Mit Pferden umgehen (427)
Reiten lernen (444)

Kegeln/Bowling/Billard
Kegeln (243)
Billard (419)
Kegelspiele (487)

ht-sprachen

Englisch
Englisch in 30 Tagen (11)
Englisch f. Fortgeschr. (61)
Englisch lernen – Bild f. Bild (296)

Französisch
Französisch in 30 Tagen (40)
Französisch f. Fortgeschr. (109)
Französisch lernen – Bild f. Bild (297)

Spanisch
Spanisch in 30 Tagen (57)
Spanisch lernen – Bild f. Bild (345)

Italienisch
Italienisch in 30 Tagen (55)
Italienisch f. Fortgeschr. (108)
Italienisch lernen – Bild f. Bild (344)

Weitere Sprachen
Russisch in 20 Lekt. (81)
Dänisch in 30 Tagen (124)
Serbokroatisch f. d. Urlaub in Jugoslawien (183)
Griechisch f. d. Urlaub (373)

ht-moderne information

Kultur + Kunst
Musikinstrumente (70)
Taschenlexikon der Antike (180)
Baustile (351)
Malerei (397)
Teste Dein Musikwissen (533)

Wirtschaft
Wirtschaftslexikon (24)
Betriebswirtschaft (153)
Volkswirtschaft (246)
Begriffe d. Managements (261)

Philosophie
Wörterbuch d. Philosophie (485)

Geschichte
Weltgeschichte (291)
Staatsbürgerkunde (438)

Technik/Elektronik
Computerrechnen (146)
Transistoren (151)
Elektrotechnik (163)
Datenverarbeitung (200)
Mikroprozessoren (338)

Biologie
Pflanzen bestimmen (208)
Tiere bestimmen (209)

Aktuelle Information
Im Rausch der Drogen (140)
Weltatlas (227)
Astrologie (284)
Fremdwörterlexikon (446)
Selbstschutz bei Krisen und Katastrophen (467)
Handlesen (483)
Vornamenbuch (505)
Mein praktischer Geburtstagskalender (530)

Psychologie
Psychoanalyse (168)
Psychologie (238)
Psi – rätselhafte Kräfte (244)
Erkenne dich (283)
Wörterbuch der Psychologie (416)

Medizin
Taschenlexikon Medizin (462)